이 책은, 이민자 출신 어느 미국 대학교수가
영어를 극복하기 위해 바이블을 읽었다는
이야기로부터 기획되었다.

Note | 일러두기

영어말을 전달하기 위하여 우선, 원어민이 사용하는 사운드 코드를 맞춰야 한다. <미니바이블 영어회화 총60분>은 소리중심 교재로 영어회화를 학습하는데 도움을 준다. 이 강의는 네이버 오디오클립/ 어학/ 영어채널에 개설한다. 강의구성은 41회 주기로 1회 1장씩, ① Reading 영한의미 이해, ② Listening 듣기중심 이해, ③ Speaking 근접발음 만들기, ④ Writing 국어를 영작하는 단계이다. 이와 같이 영어말을 음성중심으로 듣고 읽고 말하기 말짓기까지, 미니바이블로 영어동시통역이 가능하도록 이끌고자 한다. 책 안의 모든 고유명사는, 미국 동북부 영어발음에 가까운 한글로 표기하였다. 한글을 읽을 때, 가능한 본래 발음이 살아나도록 표기한 조건 일부를 다음에 제시한다.

a [애]: Adam 애덤 | [애이]: David 대이빋 | [어]: Abraham 애이브러햄 | [으] Satan 새이튼
e [에]: Esther 에스털 | [이]: Eve 이브; Jesus 지저스; Peter 핕어 | [으] Delilah 들라일라
o [아]: God 갇; Lot 랕 | [으]: Edom 이듬; Samson 샘슨 | [어] Cannon 캐이넌; Aaron 애런
u [유]: Samuel 새뮤얼 | [어]: Darius 대리어스 | [우]: Jerusalem 저루살럼
ph [프]: Pharoah 풰로우; Joseph 조셒; Potiphar 팥어풔
th [쓰]: Ruth 루쓰; Bethel 베썰; Nazareth 내저레쓰

Mini Bible English

미니바이블 영어 회화 총60분

Bible App for Kids(English)

Life.Church

Englishlo
영어로연구소

Preface | 머리말

미니바이블은, 바이블앱풔키즈 Bible App for Kids에서 제공하는 온라인 아동용 스토리바이블이다. 기록된 이야기를 바탕으로 크라이스트가 무엇인지, 재미있고 흥미로운 영상그림으로 소개한다. Life.Church에서 개발한 4-8세 대상의 무료 영어이야기를 우리는 미니바이블이라고 이름 지었다. 이것으로 바이블을 시식시음하면, 누구나 전체 모습을 쉽게 맛볼 수 있다.

한글이든 영어든, 만5세 전에 2,000 이상 어휘를 자유롭게 사용한다는 말에 따라, 비원어민도 아동수준의 말을 익히면 영어로 의사표현을 할 수 있을 것이다. 영어본문은 아동이 스토리바이블을 읽거나 들어서 이해가 가능하도록 개발되어서, 쉽고 짧은 단순한 표현으로 가득하다. 영문에 짝을 맞춘 번역한글까지 합해도, 약 1,670자가 전부이므로, 미니바이블로 영어회화에 도전해 보자.

바이블조차, God 역사의 발상지 히브루어 대신, 전세계에 영어로 전파되었다는 사실에 주목할 필요가 있다. 우리 역시 "애플"하면 "사과"라고, 마치 모국어인듯 아는 바와 같이, 1,670자 가운데 절반, 대략 800영어어휘를 익히기만 하면, 우리가 바라는 대로, 영어에서 자유로워질지도 모른다. 또한 방대한 바이블의 요점을 이해하고, 그 영어이야기의 생활활용도 가능할 것이다.

원어민이 Bible App for Kids(English) 영어원문을 이야기하는데 걸리는 시간은, 각 장마다 약 1.5분씩, 전체 41장에 총60분이다. 물론 우리는 이보다 시간이 더 걸리겠지만, 연습으로 점차 줄여갈 수 있다. 미니바이블 영어회화를 큰소리로 처음부터 끝까지 매일 한 번씩 읽기에 도전해보자. 일주일 반복만으로도 변화를 느낄 수 있고, 4주가 지나기전 영어회화에 대한 자신감을 기대해볼 수 있다.

Contents | 목차

01 In the beginning

Creation of the world

Genesis 1:1-2:4

We live in a beautiful World!
Just look at the amazing things around you.
Let's go back to the beginning and see
what the Bible tells us about how it all began.

In the beginning,
God made the heavens and the earth.
God moved over the darkness and said,
"Light!"
He called the light "Day"
and he called the darkness "Night."
Day one! Done!

Then God made a space to separate
the waters above from the waters below.
He called the space "Sky."
Day two! Done!

처음에

세상창조

기원 1:1-2:4

우리는 아름다운 세상에서 산다!
당신 주위의 대단히 놀라운 것을 바라보자.
우리, 처음으로 돌아가서 살펴보자.
바이블이 우리에게 전하는 시작에 관하여 알아보자.

처음에,
하나님이 하늘과 땅을 만들었다.
하나님은 어둠 가운데 움직이며 말했다.
"빛이 있어라!"
그는 빛을 "낮"이라고 부르고,
어둠을 "밤"이라고 불렀다.
첫날이 끝났다!

다음 **하나님**은 공간을 만들어 분리했다.
윗 물을 아래 물에서.
그는 공간을 "하늘"이라 불렀다.
둘째 날이 완성되었다!

God gathered the waters together,
and dry ground appeared.
He called the ground "Land"
and the waters "Seas."
Then He made plants
like grass, grain and trees.
Day three! Done!

Then God made lights in the sky.
He made the sun for the day,
the moon for the night,
and all the stars.
Day four! Done!

God made fish to swim in the waters
and birds to fly in the sky.
"Have babies!" He told them.
"Fill the world with splashing and singing."
Day Five! Done!

하나님이 물을 한데 모으자,
마른 곳이 나타났다.
그는 그곳을 "땅"이라고 부르고,
물을 "바다"라고 불렀다.
다음 **그**는 식물을 만들었는데,
풀과, 곡식과, 나무와 같은 것이었다.
셋째 날을 마쳤다!

그리고 **하나님**은 하늘에 빛을 만들었다.
그는 낮을 위해 해를 만들고,
밤을 위해 달을 만들었으며,
모든 별도 만들었다.
넷째 날이 끝났다!

하나님은 물속에서 헤엄치는 물고기를 만들고,
공중에서 나는 새도 만들었다.
"새끼를 낳아라!" **그**가 그들에게 말했다.
"세상을 번영으로 채우며, 노래불러라."
다섯째 날이 다 되었다.

Next, God made animals.
He made farm animals, wild animals,
and animals that crawl on the ground.
"Just one more thing to make," God said,
"the most special thing of all."

So, in His image,
God made man and woman.
"Have babies," He said.
"Take charge of the world.
Care for the fish, the birds and the animals."
Day six! Done!

Then God looked at everything He had made.
"It's very good!" He said.
So on the seventh day He rested
and made that day special.
Day Seven! Done!

다음에 **하나님**은 동물을 만들었다.
그는 가축과 야생동물을 만들고,
땅에서 기는 동물도 만들었다.
"한가지를 더 만들어야지!" **하나님**이 말했다.
"그것은 모든 것 중에 가장 특별한 것이다."

그리고, **그**의 모습대로,
하나님은 남자와 여자를 만들었다.
"아기를 낳아라," **그**가 말했다.
"세상을 지배해라.
물고기와, 새와, 짐승을 다루어라."
여섯째 날이 완성되었다!

그때 **하나님**은 자기가 만든 모든 것을 바라보았다.
"아주 좋았어!" **그**가 말했다.
그리고 **그**는 일곱째 날을 쉬며,
그날을 특별히 구분했다.
일곱째 날이 마무리되었다!

02 The First Sin

The Fall

Genesis 3:1-24

The first man and woman, Adam and Eve,
lived in a beautiful garden
that God made for them.
But Satan came as a crafty serpent
and tempted Adam and Eve...

"Did God say
you must not eat the fruit from these trees?"
the serpent asked Eve.
"Just the tree in the middle," Eve replied.
"If we eat from it, we'll die."

"You won't die!" said the serpent.
"There's a reason
why God doesn't want you to eat from that tree.
If you do, you'll be like Him.
You'll know what He know!"

최초의 죄

내보내기

기원 3:1-24

최초의 남자와 여자, 애덤과 이브는
아름다운 정원동산에서 살았는데,
그곳은 **하나님**이 그들을 위해 만든 곳이다.
그때 [죄를 유혹하는 사자] 새이튼이 간사한 뱀으로 나타나,
애덤과 이브를 시험하게 되었다.

“**하나님**이 말했던가,
너희는 이 나무의 열매를 먹으면 안 된다고?”
뱀이 이브에게 물었다.
“오직 가운데 있는 이 나무만,” 이브가 대답했다.
“만약 그것을 먹으면, 우리는 죽을 거야.”

“너희는 죽지 않아!” 뱀이 대답했다.
“그 이유는,
하나님은 너희가 나무열매를 먹기를 바라지 않는 거야.
만약 그렇게 되면, 너희가 **그**와 똑같이 될 거야.
너희도, **그**가 아는 것을 모두 알게 되지!”

Eve ate the fruit.
She gave some to Adam, who was with her.
He ate it, too.
And at once, they knew things
they had never known before.

One thing they knew was that
they were naked!
They sewed leaves together
to cover themselves.
They'd never felt fear or shame before,
so they knew something was wrong.

"Adam!" God called. "Eve!"
"We're hiding," said Adam.
"We're naked."
"You know that
because you ate from the tree," God sighed.
Then Adam blamed Eve,
and Eve blamed the serpent.

이브가 그 열매를 먹었다.
그녀가 함께 있던 애덤에게도 주었다.
그래서 그도 그것을 먹었다.
그 순간, 그들이 알게 된 것은,
그들이 전에 전혀 알지 못했던 것이었다.

그들이 알게 된 바로 그것은,
자기들이 벌거벗었다는 것이었다.
그들은 나뭇잎을 한데 꿰매어,
스스로 가렸다.
그들은 전에 두려움이나 부끄러움을 느껴보지 않았다.
그래서 그들은 잘못을 깨달았다.

"애덤!" **하나님**이 불렀다. "이브!"
"우리는 숨어 있어요." 애덤이 대답했다.
"맨몸이거든요."
"너희가 그것을 안다면,
그 열매를 먹었다는 말이구나!" **하나님**이 한숨지었다.
그러자 애덤이 이브 탓을 했고,
이브는 뱀의 탓으로 돌렸다.

God said, "Serpent,
you must crawl on your belly.
A woman's son will defeat you.
Eve, childbirth will be painful.
Adam, growing food will be difficult."

The God made clothes for Adam and Eve
and sent them out of the garden.
He put an angel with a flaming sword there,
so they could not return.

하나님이 말했다. “뱀아,
너는 네 배를 대고 기어다녀야 한다.
여자의 자식이 너를 칠 것이다.
이브, 너는 출산의 고통이 있을 것이다.
애덤, 너는 농사일이 힘들 것이다.”

하나님은 애덤과 이브를 위하여 옷을 만들어 입혀,
그들을 동산에서 내보냈다.
그는 불타는 칼을 든 천사를 그곳에 두어 지켰다.
그래서 그들은 되돌아갈 수 없었다.

03 Two by Two

Noah and the flood

Genesis 6:5-9:17

The earth filled up with people,
but they sinned so much
that God was sorry He had made them.
He decided to send a flood
to wash away everyone on earth.

There was a man named Noah
who wasn't like the others.
Noah loved God and obeyed Him.
God decided
to spare Noah and his family from the flood.

God warned Noah about the flood.
He told him to build an enormous boat
with a low roof, three decks, a window, and a door.
In obedience, Noah built it.

노아와 홍수

기원 6:5-9:17

땅에 사람이 가득 찼다.
그러나 그들은 죄를 너무 많이 지었다.
그래서 **하나님**은 **자기**가 그들을 만든 것을 후회했다.
그는 결심하고, 홍수를 보내어,
모든 인간을 땅에서 씻어버리기로 했다.

거기에 노아라는 이름을 가진 사람이 있었다.
그는 다른 사람과 같지 않았다.
노아는 **하나님**을 사랑하며, **그**를 따랐다.
하나님은 결정을 내리고,
노아와 그의 가족을 홍수로부터 구제하기로 했다.

하나님은 노아에게 홍수에 관하여 경고했다.
그는 그에게 일러, 거대한 배를 만들게 하면서,
낮은 천정의 3층과, 창 하나, 문 하나를 달게 했다.
그대로 따르며, 노아가 배를 만들었다.

God told Noah
to collect two of every kind of animal.
One male. One female.
Then Noah, his family,
and the animals went into the boat.
God shut the door.

It rained for forty days and forty nights.
Water fell from the sky
and rose from the oceans and lakes.
Even the tallest mountains
disappeared beneath the flood.

Meanwhile, Noah, his family,
and all the animals were safe in the boat,
floating on the flood waters.
God had not forgotten about Noah,
not even for a moment.

하나님이 노아에게 말했다.
모든 동물의 종류마다 둘씩 모아라.
수컷 하나와 암컷, 각각 하나씩이다.
그래서 노아와 그의 가족과,
동물들이 배 안으로 들어갔다.
그리고 **하나님**은 문을 닫았다.

40일 낮과 40일 밤 동안 비가 내렸다.
물이 하늘에서 떨어져,
바다와 호수수면이 높아졌다.
심지어 최고 높은 산 조차
물 밑으로 사라졌다.

한편, 노아와 그의 가족과,
모든 동물은 배 안에서 안전하게,
홍수 위로 떠올랐다.
하나님은 노아를 잊지 않았는데,
한 순간도 잊어버리지 않았다.

God sent a wind to blow.
The waters went down.
The boat rested on Mount Ararat.
Noah sent out a dove.
When it didn't return,
he knew it was safe.

When the ground was dry,
God told them to come out.
He put a rainbow in the sky as a promise
that He would never flood the whole earth again.

하나님은 바람을 날려 보냈다.
그러자 물이 아래로 스몄다.
배는 애러랱산에 놓여 있었다.
노아는 비둘기 한 마리를 밖으로 보냈다.
비둘기가 되돌아오지 않자,
그는 밖이 안전하다는 것을 알았다.

땅이 말랐을 때,
하나님은 그들에게 밖으로 나오라고 말했다.
그는 약속으로 하늘에 무지개를 두며,
다시는 온땅에 홍수를 내지 않겠다고 했다.

04 God's Amazing Promise

Abraham is called by God

Genesis 12:1-9; 15:1-7

Abraham lived in Haran.
"Abraham," God said,
"I want you to leave Haran
and go to another land."
God didn't tell Abraham where that was.
"Trust Me," God said.

"Do this," God said,
"and your children will become a great nation!"
"How?" Abraham wondered.
His wife, Sarah, was too old to have children.
"Trust Me," God said.

"Go where I tell you," God said,
"and you will have more descendants
than there are stars in the sky!
They will bless the whole world.
Trust Me."

하나님이 애이브러햄을 부르다

기원 12:1-9; 15:1-7

애이브러햄은 해런에서 살았다.
"애이브러햄!" **하나님**이 말했다.
"나는 네가 해런을 떠나기를 바라니,
다른 땅으로 가거라."
하나님은 애이브러햄에게 그곳이 어딘지 말하지 않았다.
"나를 믿어라." **하나님**이 말했다.

"그렇게 하면," **하나님**이 말했다.
"너의 자손은 큰나라가 될 것이다."
"어떻게요?" 애이브러햄은 이상했다.
그의 아내 새라는 자녀를 갖기에 나이가 너무 많았다.
"나를 믿어라." **하나님**이 말했다.

"내가 너에게 이르는 곳으로 가거라." **하나님**이 말했다.
"그러면 네가 후손을 더 많이 갖게 될 것이다.
하늘의 별보다!
그들이 온세상을 축복하게 될 것이다.
나를 믿어라."

So Abraham trusted God.
He took Sarah, his nephew, Lot,
and everything they owned.
He went where God told him to go.
He went to the land of Canaan.

When he arrived,
Abraham camped at Shechem.
God appeared to him!
"I will give this land to you and your children,"
God said.
Abraham built an altar to God there.

Abraham traveled around God's promised land.
He was glad that he had trusted God.
So he built another altar
and gave thanks to God
for all he had been promised.

그리고 애이브러햄은 **하나님**을 믿었다.
그는 새라와 그의 조카 랕을 데려가면서,
그들이 소유한 모든 것을 가져갔다.
그는 **하나님**이 자기에게 가라고 말한 곳으로 갔다.
그는 캐이넌땅으로 갔던 것이다.

그가 도착했을 때,
애이브러햄은 쉬컴캐이넌에서 야영했다.
하나님이 그에게 나타났다!
"나는 이 땅을 너와 네 자손에게 줄 것이다."
하나님이 말했다.
애이브러햄은 그곳에 **하나님**의 제단을 세웠다.

애이브러햄은 **하나님**이 약속한 땅을 두루 여행했다.
그는 **하나님**에게 의지하는 것을 기쁘게 생각했다.
그래서 그는 다른 제단도 세워,
하나님에게 감사했고,
그가 약속한 모든 것에 대해서도 그랬다.

05 Abraham's Big Test

Abraham and Isaac

Genesis 15:1-6; 21:1-7; 22:1-19

God promised Abraham a son and,
from that son, many descendants,
who would bless the whole world.
But Abraham and his wife, Sarah,
were too old to have children.

Twenty years went by.
Still, Abraham trusted God's promise.
When he was 100 and Sarah was 90,
God reminded them of His promise.
Sarah was going to have a baby!

When their son was born,
Sarah was so joyful that she laughed.
"God has brought me laughter!" she said.
So they named their son Isaac,
which means "he laughs"

애이브러햄과 아이직

기원 15:1-6; 21:1-7; 22:1-19

하나님이 애이브러햄에게 아들 하나를 약속하며,
그 아들로부터 많은 후손을 약속했는데,
그들이 전세계를 축복하게 된다는 것이다.
하지만 애이브러햄과 아내 새라는
자식을 낳기에 너무 늙었다.

그리고 20년이 지나갔다.
여전히 애이브러햄은 **하나님**의 약속을 믿고 있었다.
그가 100살, 새라가 90살이 되었을 때,
하나님은 자기가 약속한 그들을 생각해냈다.
새라는 임신 중이었던 것이다.

그들의 아들이 태어나자,
새라는 너무 좋아서 웃었다.
"**하나님**이 나에게 웃음을 안겨주었죠!" 그녀가 말했다.
그래서 그들은 아들을 "아이직"이라고 불렀다.
그 의미로, "그는 미소짓게 한다"는 것이었다.

When Isaac was a boy,
God tested Abraham by telling him
to take Isaac to Mount Moriah
and kill him as a sacrifice to God.
Abraham was confused,
but still he trusted God.

Isaac carried the wood,
and Abraham held the knife and torch.
Together they climbed the mountain.
"Where is the lamb for the sacrifice?" asked Isaac.
"God will provide it," Abraham replied.

Abraham arranged the wood on an altar,
tied up Isaac, and laid him on the wood.
As he raised the knife to kill Isaac,
an angel called his name:
"Abraham!"

아이직이 소년이 되자,
하나님은 말로서 애이브러햄을 시험하며,
아이직을 모리아산으로 데려와,
하나님에게 제물로 그를 죽이라고 했다.
애이브러햄은 당황했지만,
여전히 그는 **하나님**을 믿으며 따랐다.

아이직은 나무장작을 져 날랐고,
애이브러햄은 칼과 횃불을 들었다.
그들은 함께 산에 올라갔다.
"제물용 새끼양은 어딨죠?" 아이직이 물었다.
"그것은 **하나님**이 준다"며, 애이브러햄이 대답했다.

애이브러햄은 제단 위에 나무를 가지런히 쌓고,
아이직을 묶어, 장작 위에 뉘었다.
그가 칼을 들어 아이직을 죽이려 하자,
한 천사가 그의 이름을 불렀다.
"애이브러햄!"

"Don't hurt the boy!"
the angel cried.
"God knows you trust His promise.
Look, there in the bushes!
A ram is caught by its horns!
Sacrifice that instead."

So Abraham sacrificed the ram
instead of his son.
He called the place "God Will Provide,"
because God provided the sacrifice.
Just as God had said,
His promise came true.

"소년을 헤치지 마라!"
천사가 소리쳤다.
"**하나님**은 네가 그 약속을 믿고 있다는 것을 안다.
저기 덤불 속을 봐라!
숫양 한 마리가 뿔이 걸려 있다.
그것을 대신 희생해라."

그래서 애이브러햄은 숫양을 잡아,
자기 아들을 대신했다.
그는 그곳을 "**하나님**이 주는 곳"이라고 불렀다.
왜냐하면 **하나님**이 희생제물을 주었기 때문이다.
하나님이 말한대로,
그의 약속이 이루어졌다.

06 The Dreamer

Joseph is sold into slavery

Genesis 37; 39:1-6

Jacob had twelve sons,
but he loved his son Joseph the most.
He gave Joseph a special, brightly colored coat.
Joseph's brothers were jealous of him.
They hated him.

Joseph also had special dreams.
"In my dream,
we were tying up bundles of wheat,"
he said,
"and your bundles bowed down to mine!"
Joseph's brothers hated him even more.

Joseph had another dream.
"The sun, the moon, and eleven stars
bowed down before me."
His father and brothers grumbled.
"Are you saying you will rule over us?"

조셉이 노예로 팔리다

기원 37; 39:1-6

재이컵은 12아들을 두었지만,
그는 조셉을 가장 사랑했다.
그는 조셉에게 특별하고 밝은 색색의 옷을 주었다.
조셒의 형제는 그를 질투하게 되었다.
그들은 그가 미웠다.

조셉은 게다가 특이한 여러 꿈을 꾸었다.
"내 꿈에,
우리가 밀다발을 묶고 있었는데,"
그가 말했다.
"그런데 형들 다발이 내것에게 절을 했어!"
그러자 조셒의 형들이 그를 더욱 증오했다.

조셒이 또 다른 꿈을 꾸었다.
"해와, 달과, 11개 별들이,
내 앞에서 고개를 숙이더라!"
그의 아버지와 형들이 불쾌했다.
"네 말은, 네가 우리를 지배한다는 거야?"

One day, Joseph's brothers
were in the fields watching their sheep.
They saw him coming to see them.
They planned to kill him
and put an end to all his dreams.

"It would be wrong to kill our brother,"
said Reuben.
"Let's throw him in this empty well."
So they tore off Joseph's special coat
and threw him into the well.

Ishmaelite traders came by on their way to Egypt.
"Let's sell Joseph as a slave to the Ishmaelites!"
suggested Judah.
So the brothers sold Joseph
for twenty pieces of silver.

어느날, 조셉의 형들이
들에서 양을 지켜보고 있었다.
그들은 자기들을 보며 다가오는 그를 보았다.
그들은 그를 죽일 계획을 짜서,
그의 꿈을 끝내버리기로 했다.

"우리 형제를 죽이는 것은 잘못된 것 같다"
라고 루번이 말했다.
"그를 이곳 빈우물에 버리자."
그래서 그들은 조셉의 특별한 옷을 찢고,
그를 우물 속에 던졌다.

이쉬매얼 상인들이 이집트로 가는 길에 옆으로 왔다.
"조셉을 이쉬매얼인에게 노예로 팔자!"
쥬다가 제안했다.
그렇게 형제가 조셉을 팔았는데,
은전 20조각이 대가였다.

The brothers dipped Joseph's coat in goat's
blood and showed it to Jacob.
"My son is dead!" he wept.
Meanwhile, Joseph was taken to Egypt.
But God was with Joseph.

In Egypt,
the Ishmaelites sold Joseph to Potiphar,
one of Pharaoh's captains.
God blessed Joseph and made him successful.
Potiphar put Joseph in charge
of his whole household.

형제는 조셉의 옷을 염소피에 담갔다가,
아버지 재이컵에게 그것을 보였다.
"내 아들이 죽었구나!" 라며 그가 울었다.
한편, 조셉은 이집트로 끌려갔다.
그러나 **하나님**이 조셉과 함께 있었다.

이집트에서,
이쉬매얼인은 조셉을 팥어풔에게 팔았는데,
그는 풰로우왕 지휘관 중 하나였다.
하나님은 조셉에게 복을 주며 일이 잘되게 해주었다.
팥어풔는 조셉에게 책임을 주어,
그의 집안 전체를 관리하게 했다.

07 Dreams Come True

Joseph's rise to power

Genesis 39-45

Joseph served Potiphar well.
Potiphar's wife wanted Joseph to sin against God.
Joseph refused,
so she lied about him.
Potiphar believed her,
and Joseph was thrown into prison.

In prison,
Joseph met two of Pharaoh's servants.
They each had dreams,
and God showed Joseph their meaning.
Joseph's explanations came true.
The cupbearer was released,
and the baker was hanged.

조셉이 관직에 오르다

기원 39-45

조셉은 [지휘관] 팥어풔를 잘 섬겼다.
팥어풔의 아내는 조셉이 **하나님**에게 죄짓기를 바랐다.

조셉이 거절하자,
그녀는 그에 대해 거짓말을 했다.
팥어풔는 그녀를 신뢰했고,
그래서 조셉은 감옥 속에 던져졌다.

교도소에서,
조셒은 퉤로우왕의 신하 두 사람을 만났다.
그들은 각자 꿈을 꾸었는데,
하나님은 조셒에게 꿈의 의미를 알려주었다.
조셒의 꿈해설이 사실이 되었다.
와인담당관은 풀려나고,
제빵장은 매달렸다.

Two years later,
Pharaoh had two troubling dreams.
The cupbearer remembered what
Joseph had done for him and told Pharaoh.
So, Pharaoh sent for Joseph
and told him his dreams.

God showed Joseph
the meaning of Pharaoh's dreams.
"For seven years,
a lot of food will grow," said Joseph.
"So store up food
because seven years of famine will follow."

Pharaoh was impressed by Joseph's wisdom.
So he put Joseph in charge
of storing up all the food!
Apart from Pharaoh,
no one in Egypt was more powerful than Joseph.

2년 뒤,
퀘로우는 두 가지 고민되는 꿈을 꾸었다.
와인담당관은 기억을 해냈다.
조셒이 자기에게 했던 것을, 그리고 퀘로우에게 말했다.
그래서 퀘로우왕은 조셒을 데려오게 [사람을] 보내어,
그에게 자기 꿈을 이야기했다.

하나님은 조셒에게 보여주었다.
퀘로우왕의 꿈의 의미를.
“7년간,
먹을 것이 많이 자랄 거예요” 라고 조셒이 말했다.
“그러니 식량을 쌓아 저장하세요.
왜냐하면 7년간 기근이 뒤를 이어 오니까요.”

퀘로우는 조셒의 지혜에 감명을 받았다.
그래서 그는 조셒에게 책임을 맡겨,
모든 식량을 저장하게 했다.
퀘로우왕을 제외하고,
이집트에서 아무도 조셒 이상 힘센 사람은 없었다.

Joseph's brothers went to Egypt to buy food.
They bowed before Joseph
but did not recognize him.
When he saw that they had changed,
he told them who he was.

The brothers were terrified.
"You meant to harm me," Joseph said,
"but God used that for good.
Bring all of our family to Egypt.
We will have plenty to eat!"

조셉의 형제가 이집트로 식량을 사러 왔다.
그들은 조셉 앞에서 머리 숙여 인사했는데,
그를 알아보지 못했다.
그는 형들이 달라졌다는 것을 알고,
그는 그들에게 자기가 누구인지 말했다.

형제는 무서워졌다.
"형들은 나를 해칠 의도였는데," 조셉이 말했다.
"그러나 **하나님**은 그것을 선으로 이용했죠.
우리 가족을 모두 이집트로 데려오세요.
우리는 풍부하게 먹게 될 거예요!"

08 A Baby and a Bush

Birth of Moses and the burning bush

Exodus 1:6-2:15; 3:1-15; 4:1-17

Egypt was filled with Israelites.
The new Pharaoh was afraid that
the Israelites would become too powerful.
So he made them slaves
and treated them very badly.

Pharaoh ordered that
all baby Israelite boys had to be killed.
One woman put her baby in a basket
and hid him by the river's edge.
His sister watched him.

Pharaoh's daughter was bathing by the river.
She found the baby
and decided to keep him.
His sister offered their mother's help
to care for him.
Pharaoh's daughter named him Moses.

모지스 출생과 불타는 수풀

탈출 1:6-2:15; 3:1-15; 4:1-17

이집트가 이즈리얼 사람으로 가득찼다.
새로운 풰로우왕은 겁이났다.
이즈리얼인이 지나치게 힘이 강해질까봐.
그래서 그는 그들을 노예로 만들어,
그들을 몹시 혹독하게 다루었다.

풰로우가 명령하여,
모든 이즈리얼 남자아기를 죽이라고 했다.
어떤 여자가 자기 아기를 바구니에 넣어,
그를 강가에 숨겼다.
그의 누나가 그를 지켜보았다.

풰로우의 딸이 강에서 목욕을 하고 있었다.
그녀는 아기를 발견하고,
그를 기르기로 결심했다.
그의 누나가 자기들의 엄마의 도움을 제안하여
아기를 돌보게 했다.
풰로우 딸은 그에게 모지스라는 이름을 지어 주었다.

Moses grew up. One day
he saw an Egyptian beating an Israelite.
Moses killed the Egyptian.
Then he fled to Midian
and was a shepherd for forty years.

Moses was watching his sheep on Mount Horeb.
The voice of God spoke from a burning bush.
"My people are suffering, Moses.
I have chosen you to free them."

"I can't!" Moses cried.
"I'll help you," God promised.
"Throw down your staff."
Moses did.
It turned into a snake.
When he picked it up,
it was a staff again.

모지스가 성장했다. 어느날
그는 이집트인이 이즈리얼인을 때리는 것을 보았다.
그래서 모지스는 그 이집트인을 죽였다.
다음 그는 미디안지역으로 달아나,
40년간 목자가 되었다.

모지스가 호렙산에서 양을 지켜보고 있었다.
하나님의 목소리가 불타는 수풀에서 말했다.
"나의 백성이 괴로워한다, 모지스야!
나는 그들을 풀어주려고 너를 뽑았다."

"나는 못해요!" 모지스가 소리쳤다.
"내가 너를 돕겠다." **하나님**이 약속했다.
"네 지팡이를 던져봐라."
모지스가 그렇게 했다.
그러자 그것은 뱀으로 변했다.
그가 그것을 집어들자,
다시 지팡이가 되었다.

"Put your hand in your cloak," God said.
Moses did. He looked.
It was covered with disease.
When he did it again, it was healed.
"Show Pharaoh that!"
God said.

"I'm not a good speaker," said Moses.
"I'll give you the words," God said.
"Your brother Aaron can help."
So Moses went to tell Pharaoh
to set the Israelites free.

"네 손을 외투 안에 넣어라." **하나님**이 말했다.
모지스가 그렇게 한 다음, 보았다.
손이 종기로 덮였다.
그가 그렇게 다시 하자, 손이 다 나았다.
"그것을 풰로우에게 보여라!"
하나님이 말했다.

"나는 말이 능숙하지 않아요." 모지스가 말했다.
"내가 너에게 할말을 알려주겠다. **하나님**이 말했다.
"네 형 애런이 도울 수 있다."
그래서 모지스가 풰로우에게 가서
이즈리얼 사람을 해방시켜 달라고 말했다.

09 Let My People Go!

The Plagues and the Passover

Exodus 7:14-12:32

Moses and Aaron told Pharaoh,
"The God of the Israelites says
you must let His people go free.
Otherwise, bad things will happen to you."
But Pharaoh would not listen.

So God turned the water in Egypt into blood.
No one could drink it.
Then He filled the Egyptian houses with frogs.
Frogs were everywhere!
Still Pharaoh would not listen.

So God filled the skies of Egypt with gnats.
They covered the people like dust.
Then He struck the land of Egypt with flies.
Still Pharaoh would not listen.

나의 백성을 보내라!

전염병과 통과의식

탈출 7:14-12:32

모지스와 애런이 풰로우왕에게 말했다.
"이즈리얼의 **하나님** 말은,
당신이 반드시 **그**의 백성을 보내야 한다고 했어요.
그렇지 않으면, 좋지 않은 일이 당신에게 일어나요."
그러나 풰로우는 들으려고 하지 않았다.

그래서 **하나님**은 이집트 강물을 피로 바꿨다.
누구도 그것을 마실 수 없었다.
다음 **그**는 이집트 집안을 개구리로 채웠다.
개구리들이 어디에나 있었다.
여전히 풰로우는 들으려고 하지 않았다.

그래서 **하나님**은 이집트 하늘을 모기로 채웠다.
모기가 사람에게 먼지처럼 덮였다.
다음 **그**는 이집트땅을 파리로 강타했다.
그래도 풰로우는 들으려고 하지 않았다.

So God killed the animals of Egypt.
Horses, donkeys, camels, sheep, cows,
and goats all died.
Then He covered the Egyptian people with sores.
Still Pharaoh would not listen.

God sent hail to crush the crops of Egypt.
Their barley and flax were destroyed.
Then fruit remained.
Still Pharaoh would not listen.

So God sent darkness over the land.
But again, Pharaoh would not listen.
God said,
"I will kill every firstborn son in Egypt,
and all the firstborn of the animals."

"My people must kill a lamb, eat it,
and put its blood on their doorposts.
I will see the blood and pass over their houses.
Those children will not die."

그래서 **하나님**이 이집트 동물을 죽였다.
말, 당나귀, 낙타, 양, 소,
그리고 염소 모두 죽었다.
다음 **그**는 이집트 사람을 종기로 덮었다.
여전히 풰로우는 들으려고 하지 않았다.

하나님이 우박을 보내 이집트 농작물을 망쳤다.
그들의 보리와 리넨아마 식물이 해를 입었다.
그때 열매는 살아남았다.
그런데도 풰로우는 들으려고 하지 않았다.

그래서 **하나님**은 그곳 땅을 뒤덮는 어둠을 보냈다.
하지만 다시 풰로우는 들으려고 하지 않았다.
하나님이 말했다.
"나는 이집트의 첫째 아들을 모두 죽이고,
가축의 첫배도 모조리 죽일 것이다."

"나의 백성은 새끼양을 잡아, 그것을 먹고,
그 피는 문기둥에 발라라.
나는 피를 보고, 그 집을 통과하여 지나칠 것이다.
그들의 자식은 죽지 않을 것이다."

"You will call this Passover
and always remember it."
The Israelites obeyed God,
but the Egyptian firstborn sons died
– even Pharaoh's son.
Finally Pharaoh listened.
He let the Israelites go.

"너희는 이것을 통과의식이라고 불러라.
그리고 언제나 그것을 기억해라."
이즈리얼 사람은 **하나님**을 따랐지만,
이집트의 맏아들은 죽었고,
심지어 풰로우의 아들까지 죽었다.
결국 풰로우가 말을 들었다.
그는 이즈리얼인을 가게 해주었다.

10 God Makes a Way

The parting of the Red Sea and the 10 Commandments

Exodus 14; 16:11-16; 17:1-7; 19-20; 34:1-9, 29-32

After Pharaoh's son died in the tenth plague,
he let the Israelites leave.
They were near the Red Sea
when Pharaoh changed his mind again
and chased after them.

When the Israelites saw Pharaoh's chariots,
they were terrified.
But God told Moses
to raise his staff toward the Red Sea.
God sent a strong wind
and parted the sea!

A dry path appeared, and the Israelites walked
straight through the Red Sea!
There was a wall of water on each side of them.
They arrived safely on the other side.

홍해 가르기와 십계명

탈출 14; 16:11-16; 17:1-7; 19-20; 34:1-9, 29-32

풰로우 아들이 열 번째 고통에 희생되어 죽은 뒤,
그가 이즈리얼 사람을 떠나게 했다.
그들이 홍해 가까이 갔을 때,
풰로우는 다시 마음이 변하여,
그들을 뒤쫓았다.

이즈리얼인이 풰로우의 전차를 보자,
그들은 두려웠다.
그러나 **하나님**이 모지스에게 말하며,
그의 지팡이를 홍해를 향하여 들어올리게 했다.
하나님이 강풍을 보내어,
바다를 갈랐다!

마른 통로가 나타나, 이즈리얼인이 걸어서
곧바로 홍해를 통과했다!
그곳에 물벽이 그들 양쪽에 있었다.
그들은 안전하게 다른편에 도착했다.

Pharoah and his army followed them into the sea.
God told Moses to stretch out his hand.
Then the sea rolled back again,
and Pharaoh and his army all drowned.

God led His people through a wildness.
He fed them and gave them water.
They camped at Mount Sinai,
where God told Moses
to meet Him on the mountaintop.

Surrounded by fire and smoke,
Moses climbed to the top,
and God came down to meet him.

Then God gave Moses
the Ten Commandments on two stone tables:
Don't worship other gods.
Don't make idols.
Treat the Sabbath day as a special day.

풰로우와 그의 군대는 그들을 뒤따라 바다로 들어갔다.
하나님이 모지스에게 말하여, 그의 손을 뻗게 했다.
그때 바다가 굴러 다시 제자리로 갔고,
풰로우와 그의 군대는 모두 잠겼다.

하나님은 **그**의 백성을 황야를 지나게 했다.
그는 그들을 먹이고 또 물을 주었다.
그들은 사이나이산에서 야영했는데,
그곳에서 **하나님**이 모지스에게 말하여,
산정상으로 **그**를 만나러 오게 했다.

불과 연기로 둘러싸인
모지스는 정상까지 올라갔고,
하나님은 그를 만나러 내려왔다.

그때 **하나님**이 모지스에게 준 것은,
두 석판에 적힌 십계명이었다.
다른 신에게 경배하지 마라.
우상을 만들지 마라.
사배쓰휴일을 특별한 날로 정해라.

Respect your parents.
Don't murder.
Be loyal to your husband or your wife.
Don't steal. Don't lie.
Don't envy people or what they won.
Now the people knew how to obey God.

네 부모를 공경해라.
살인하지 마라.
네 남편이나 네 아내에게 충실해라.
훔치지 마라. 거짓말하지 마라.
남이나 그들이 얻은 것을 부러워하지 마라.
이제 사람은 **하나님**을 어떻게 따르는지 알게 되었다.

11 Waters Part and Walls Fall

Entering The Promised Land

Numbers 13-14; Joshua 2-3; 5-6

Moses sent twelve spies into the Promised Land.
Ten of them said,
"We will never defeat the people there."
But Joshua and Caleb said,
"With God's help, we can do it!"

Frightened, the people believed the ten spies.
God said,
"Only your children, with Joshua and Caleb,
will enter the Promised Land."
So, after forty years in the desert,
it was time!

Joshua sent two spies into Jericho.
They met a woman called Rahab,
who hid them
and helped them escape down the wall.
They promised to spare her and her family.

강이 갈라지고 성벽이 무너지다

약속의 땅에 들어가기

인구조사 13-14; 자슈아 2-3; 5-6

모지스는 간첩 12명을 약속의 땅으로 보냈다.
그중 열명이 말했다.
"우리는 절대 그곳 사람을 물릴칠 수 없을 것이다."
그러나 자슈아와 캐이렙은 말했다.
"**하나님**의 도움으로, 우리는 그렇게 할 수 있다!"

겁을 먹은 사람들은 스파이 열명을 신뢰했다.
하나님이 말했다.
"오직 너희 자녀만이, 자슈아와 캐이렙과 함께,
약속의 땅으로 들어갈 것이다."
그래서 사막에서 40년을 지낸 다음,
드디어 때가 되었다!

자슈아가 정탐꾼 두 사람을 제리코로 보냈다.
그들은 래이햅이라는 여자를 만났는데,
그녀가 그들을 숨겨주고,
그들이 성벽 아래쪽으로 달아나도록 도왔다.
그들은 그녀와 그 가족을 구하겠다고 약속했다.

The Israelites crossed the Jordan River.
The priests went first,
carrying the Ark of the Covenant.
When their feet touched the river,
it stopped flowing!
Everyone crossed on dry land.

Jericho was next.
The Lord told Joshua,
"For six days, march once around Jericho.
Then, on day seven, march around seven times.
Blow trumpets! Shout!
The walls will fall down."

Joshua trusted God.
He did what the Lord said,
and the walls fell down!
They took the city.
Rahab was spared.
God's people began to take the Promised land.

이즈리얼 사람은 조든강을 건넜다.
제사장이 앞장서서,
'약속의 상자'를 지고 날랐다.
그들의 발이 강에 닿자,
강은 흐름을 멈췄다!
그래서 모두가 마른 곳으로 건넜다.

제리코성은 다음 차례였다.
주님이 자슈아에게 일렀다.
"6일 동안, 제리코 주위를 한 차례씩 행진해라.
다음 7일째 날, 주위를 일곱 번 행진해라.
트럼핕을 불며, 소리쳐라!
성벽이 무너져 내릴 것이다."

자슈아는 **하나님**을 믿고 따랐다.
그는 **주님**이 말한 대로 했다.
그러자 성벽이 무너져 내렸다.
그들은 그 도시를 빼앗았다.
래이햅은 구제되었다.
하나님의 백성은 약속의 땅을 차지하기 시작했다.

12 A Hairy Tale

Samson

Judges 13-16

Again, God's people disobeyed Him.
So God let the Philistines rule over them
for forty years.
Then he chose a man named Samson
to set them free.

An angel promised Samson's mother
that she would have a son.
Samson
would have to make three promises to God.
Never drink wine.
Never touch dead things.
Never cut his hair.

샘슨

판관 13-16

다시, **하나님**의 백성이 **그**에게 복종하지 않았다.
그래서 **하나님**은 필리스틴인이 그들을 지배하게 했고,
40년 동안 그랬다.
그때 **그**는 샘슨이라는 사람을 골라
그들을 해방시키게 했다.

한 천사가 샘슨의 엄마에게 약속했다.
그녀가 아들을 갖게 될 것이라고.
샘슨은,
하나님에게 세 가지 약속을 했다.
절대 술을 마시지 않는다.
절대 죽은 것을 만지지 않는다.
절대 자기 머리를 자르지 않는다.

God made Samson very strong.
He killed a lion,
and bees made honey in its body.
Samson touched the dead lion,
breaking one of his promises to God!
He even ate the honey.

Samson fell in love with a woman named Delilah.
The Philistines promised her lots of money
to discover why Samson was so strong.
She asked him again and again.

Finally, Samson told Delilah his secret.
"If my hair is cut, my strength will go."
So, while he slept,
Delilah called for a man to cut off his hair.
Samson's strength left him.

하나님은 샘슨을 대단히 강하게 만들었다.
그가 사자를 죽이자,
벌이 사체 안에 꿀을 만들었다.
샘슨은 죽은 사자를 만지며,
하나님에게 한 약속 중 하나를 어겼다.
그는 심지어 꿀까지 먹었다.

샘슨은 들라일라라는 여자와 사랑에 빠졌다.
필리스틴인이 그녀에게 돈을 많이 주겠다고 약속하며,
샘슨이 그토록 힘센 이유를 알아내게 했다.
그녀가 그에게 자꾸자꾸 물었다.

마침내 샘슨은 자기 비밀을 들라일라에게 말해주었다.
"만약 나의 머리가 잘리면, 나의 힘은 사라질 것이다."
그리고 그가 잠든 사이,
들라일라는 사람을 불러 그의 머리털을 자르게 했다.
샘슨의 힘은 그를 떠나버렸다.

When the Philistines arrived,
they captured him easily.
They blinded him.
Then they put him in prison and set him to
work, dragging a heavy grinding stone.

Slowly, Samson's hair grew back.
The Philistines brought Samson into their
temple to thank their false god, Dagon,
for defeating him.
Samson asked God
to make him strong one last time.

Samson stood between two pillars
and pushed on them.
The temple fell down,
killing all the Philistines,
and Samson with them.
Samson didn't keep his promises,
but God kept His!

필리스틴 사람들이 도착했을 때,
그들은 그를 쉽게 사로잡았다.
그들이 그를 앞을 보지 못하게 만들었다.
다음 그들은 그를 감옥에 집어넣고 일을 시켰는데,
곡식을 가는 거대한 돌을 끌게 했다.

천천히 샘슨의 머리털이 다시 자랐다.
필리스틴인은 샘슨을 그들의 신전으로 데려와,
그들의 가짜신 대건에게 감사하게 했는데,
샘슨을 물리친데 대한 감사였다.
샘슨이 **하나님**에게 부탁했다.
마지막으로 한 번, 자신을 강하게 만들어 달라고.

샘슨이 두 기둥 사이에 서서,
그것들을 밀었다.
신전이 무너져 내렸고,
모든 필리스틴 사람들이 죽으면서,
샘슨도 그들과 함께 죽었다.
샘슨은 자기 약속을 지키지 않았지만,
하나님은 **그**의 약속을 지켰던 것이다!

13 Wherever You Go

Ruth

Ruth 1-2, 4:9-17

A famine came to Israel.
Elimelech, Naomi, and their sons
went to Moab to find food.
Elimelech died.
The sons married Moabite women,
Orpha and Ruth.
Then the sons died, too.

The three women had no husbands.
When the famine in Israel was over,
Naomi decided to go home.
"Stay in Moab,"
she said to her daughters-in-law.
"It's your home."

당신이 어디를 가든

루쓰

루쓰 1-2, 4:9-17

이즈리얼에 기근이 있었다.
일리멀렉과, 내이오미와 그 아들들은
모앱땅으로 먹을 것을 찾아 갔다.
일리멀렉이 죽었다.
아들들은 모앱여자와 결혼했는데,
올파와 루쓰였다.
그리고 아들들도 죽었다.

세 여자는 남편이 없었다.
이즈리얼의 기근이 지나갔을 때,
내이오미가 고향으로 갈 결심을 했다.
"모앱에 있거라."
그녀가 며느리들에게 말했다.
"이곳은 너희 고향이다."

Orpah stayed.
But Ruth said,
"Wherever you go, I will go.
Your people will be my people.
Your God will be my God."
Together, Ruth and Naomi went back to Israel.

It was harvest time in Israel.
Naomi told Ruth
to gather the bits of grain left behind in a field.
The field belonged to Boaz,
Elimelech's relative.
Boaz approached Ruth.

"You were very kind to Naomi,"
Boaz said.
"Leaving home must have been hard.
May God bless you."
He gave Ruth food
and told his workers to watch over her.

올파는 남았다.
그러나 루쓰는 말했다.
"당신이 어디를 가든, 나도 가겠어요.
당신의 민족은 나의 민족이 되고요.
당신의 **하나님**은 나의 **하나님**이 될 거예요."
함께 루쓰와 내이오미가 이즈리얼로 돌아갔다.

당시 이즈리얼은 추수기였다.
내이오미가 루쓰에게 말하여,
들밭에 남겨진 낱알을 주워모으라고 했다.
그 밭은 보애즈의 소유였는데,
그는 일리멀렉의 친척이었다.
보애즈가 루쓰에게 다가왔다.

"너는 시어머니 내이오미에게 몹시 정성을 다하는구나"
보애즈가 말했다.
"고향을 떠나가기 힘들었을 거다.
하나님이 너에게 복을 줄 것이다."
그는 루쓰에게 곡식을 주며,
그의 일꾼에게 그녀를 잘 돌보도록 일렀다.

Ruth told Naomi what happened.
Naomi smiled.
"When someone dies,
his closest relative cares for his family.
That person is their kinsman-redeemer.
Boaz is our kinsman-redeemer.
Stay close to him!"

So Ruth stayed close to Boaz.
He liked her more each day.
Boaz bought Elimelech's land
and took care of Naomi and Ruth.
Then he asked Ruth to marry him.

Ruth had a son called Obed.
Obed's son was Jesse, Jesse's son was David,
and David became Israel's greatest king!
So God blessed Ruth just as Boaz had prayed.

루쓰가 내이오미에게 무슨 일이 있었는지 전했다.
내이오미는 미소를 지었다.
"사람이 죽으면,
그의 가까운 친척이 그의 가족을 돌보게 된다.
그런 사람은 친인척으로 땅을 사들이게 된다.
보애즈는 우리의 친척이자 땅을 사줄 사람이다.
그 사람 가까이 있어라!"

그래서 루쓰는 보애즈 가까이 있었다.
그는 그녀를 날마다 더 좋아했다.
보애즈가 일리멀렉의 땅을 사고,
내이오미와 루쓰를 돌보게 되었다.
다음, 그는 루쓰에게 자기와 결혼하자고 청혼했다.

루쓰는 아들을 낳아 오벧이라고 불렀다.
오벧의 아들은 제시이고, 제시의 아들은 대이빋인데,
대이빋은 이즈리얼의 위대한 왕이 되었던 것이다!
그렇게 **하나님**은 보애즈가 기도했던 대로 루쓰를 축복했다.

14 A Voice in the Night

Samuel is called by God

1 Samuel 1; 2:11; 3

Hannah was sad because
she had no children.
She prayed,
and God gave her a son, Samuel.
She was very grateful,
so she gave Samuel to God to serve him.

Hannah left her little boy sent the tabernacle
with Eli, the priest.
Samuel helped old, blind Eli.
He even slept in the tabernacle,
while Eli slept in a room nearby.

One night,
Samuel heard someone call his name.
he got up and ran to Eli.
"Here I am," he said.
"I didn't call you," Eli grunted.
"Go back to bed."

하나님이 새뮤얼을 부르다

1새뮤얼 1; 2:11; 3

해나가 슬픈 이유는,
아이가 없었기 때문이었다.
그녀는 기도했고,
하나님은 그녀에게 아들 새뮤얼을 주었다.
그녀는 너무나 감사했기 때문에,
그녀는 새뮤얼을 **하나님**에게 보내 **그**를 섬기게 했다.

해나는 자기의 어린 소년을 성전에 보내 남겨 두며,
제사장 일라이와 함께 있게 했다.
새뮤얼은 늙고 눈이 침침한 일라이를 도왔다.
그는 잠도 성전에서 잤고,
일라이가 근처 방에서 자는데도 그랬다.

한밤에,
새뮤얼은 누가 자기 이름을 부르는 소리를 들었다.
그는 일어나 일라이에게 달려갔다.
"네, 여기 있어요." 그가 말했다.
"나는 너를 부르지 않았다"며 일라이가 툴툴거렸다.
"도로 가서 자거라."

Samuel crept back to bed.
He heard his name again.
Samuel ran back to Eli.
"Here I am," he said.
"I didn't call you,"
Eli sighed, sleepily.
"Go back to bed."

After Samuel heard the voice a third time,
Eli said it was the Lord.
"If he calls again," said Eli,
"say,
'Speak, Lord, Your servant is listening.'"
So Samuel did.

"Samuel," God said,
"can you be My prophet
and pass My words faithfully on to My people?"
"I can," said Samuel.
And he did, until he was an old man.

새뮤얼이 다시 침대로 기어들어갔다.
그는 다시 제 이름소리를 들었다.
새뮤얼은 또 일라이에게 달려갔다.
"네, 여기 있어요." 그가 말했다.
"나는 너를 부르지 않았다니까."
일라이가 졸려서 한숨을 쉬었다.
"가서 다시 자라."

새뮤얼이 세 번째 목소리를 들은 뒤,
일라이는 그것이 **주님**이라고 말했다.
"만약 **그**가 다시 부르거든," 일라이가 말했다.
"이렇게 말해라.
'**주님**, 말해보세요, 당신의 종이 듣고 있어요' 라고."
그래서 새뮤얼이 그렇게 했다.

"새뮤얼," **하나님**이 말했다.
"너는 나의 예언자가 되어,
나의 말을 성실하게 나의 백성에게 전할 수 있을까?"
"할 수 있어요." 새뮤얼이 대답했다.
그리고 그는 늙을 때까지 그렇게 했다.

15 Stones, Slings, and Giant Things

David and Goliath

1 Samuel 16-17

Israel's first king was named Saul.
King Saul did not obey God.
So God said to Samuel, the prophet,
"find a man named Jesse,
one of his sons will be the new king."

Samuel found Jesse in Bethlehem.
He looked at seven of Jesse's sons.
They looked handsome and strong.
"I don't care about looks.
I care about what's in a person's heart."

Jesse sent for his youngest son, David,
who was tending sheep in the fields.
Samuel saw him and God said,
"He is the one!"
So David was anointed the new king.

대이빋과 걸라이어쓰

1새뮤얼 16-17

이즈리얼의 첫 번째 왕이름은 쏠이었다.
쏠왕은 **하나님**에게 복종하지 않았다.
그래서 **하나님**이 새뮤얼 예언자에게 말했다.
"제시라는 사람을 찾고,
그의 아들 중 하나를 새왕이 되게 해라."

새뮤얼은 제시를 베쓸레헴에서 찾았다.
그는 제시의 일곱 아들을 바라보았다.
그들은 잘 생기고 강인해 보였다.
"나는 모습에 신경쓰지 않아요.
나는 사람의 마음이 어떤지에 관심이 있어요."

제시는 막내아들 대이빋을 부르러 [사람을] 보냈다.
그는 들에서 양을 돌보고 있었다.
새뮤얼이 그를 보자, **하나님**이 말하며,
"그가 바로 그다!"
그래서 대이빋은 새왕으로 기름이 부여되었다.

Some time later,
Israel fought the Philistines.
A giant Philistine soldier called Goliath
challenged the Israelites
to send a champion to fight him.
But the Israelites were all too afraid.

David brought food to his brothers in the army.
He heard Goliath's challenge
and was not afraid.
"How dare he defy God's army?"
asked David.
"I will fight him!"

Surprised, king Saul offered David his armor.
"No," said David.
"God helped me kill wild beasts.
He will help me against Goliath, too!"
David took five stones and a sling.

얼마 후,
이즈리얼이 필리스틴과 싸웠다.
이름이 걸라이어쓰인 거대한 필리스틴 군인 한 사람이
이즈리얼 사람에게 도전하여,
자기와 싸우도록 챔피언 투사 하나를 보내라고 했다.
그러나 이즈리얼인은 모두 너무 두려웠다.

대이빋은 군대에 있는 형들에게 음식을 가져왔다.
그는 걸라이어쓰의 도전을 듣고도
무서워하지 않았다.
“어떻게 감히 그가 **하나님**의 군대를 물리칠까?”
대이빋이 물었다.
“내가 그와 싸우겠다!”

놀란 쏠왕이 대이빋에게 자기 무기를 주었다.
“아니에요.” 대이빋이 대답했다.
“**하나님**은 내가 야생짐승을 죽이도록 도와주었어요.
그는 걸라이어쓰에 대해서도 나를 도와줄 거예요.”
대이빋은 돌멩이 다섯개와 투석기 하나를 가져갔다.

"Am I a dog?" Goliath roared.
"You send this stick of a boy to fight me!"
"You have a spear," said David,
"But I have the help of Israel's God!"

David put a stone into the sling and threw it.
It struck Goliath's forehead
and knocked him down.
The Israelites defeated the Philistines.
With God's help, David was a hero!

“내가 개냐?” 걸라이어쓰가 으르렁거리며 말했다.
“너희는 막대기 같은 애를 보내, 나와 싸우라는 거냐?”
“너는 창을 가졌다.” 대이빋이 말했다.
“하지만 나는 이즈리얼 **하나님**의 도움이 있다!”

대이빋은 돌멩이 하나를 투석기에 넣어 던졌다.
그것이 걸라이어쓰의 앞이마를 맞추자,
그가 넘어졌다.
이즈리얼 사람이 필리스틴인을 물리쳤다.
하나님의 도움으로 대이빋은 영웅이 되었다!

16 Fire From Heaven

Elijah

1 Kings 16:29-17:1; 18:1, 17-39

David became a great king.
Then his son Solomon reigned.
After Solomon died,
God's people had many bad kings.
King Ahab was one of the worst.
His wife, Jezebel,
worshipped the false god, Baal.

Jezebel persuaded Ahab
and God's people to worship Baal, too.
Because of their sins,
God stopped the rain for several years.
Then He sent His prophet, Elijah,
to King Ahab.

하늘에서 내려온 불

일라이자

1국왕 16:29-17:1; 18:1, 17-39

대이빋은 위대한 왕이 되었다.
다음 그의 아들 솔로먼이 다스렸다.
솔로먼이 죽은 뒤,
하나님의 백성은 나쁜 왕을 많이 두었다.
애이햅왕은 최악 중 하나였다.
그의 아내 제저벨은
거짓신 배얼을 숭배했다.

제저벨은 애이햅을 설득하여,
하나님의 백성 역시 배얼신을 숭배하게 했다.
그들의 죄로 인해,
하나님은 여러 해 동안 비를 내리지 않았다.
다음 그는 그의 예언자 일라이자를
애이햅왕에게 보냈다.

"You have disobeyed God
and worshipped Baal," Elijah said.
"Tell everyone,
including the prophets of Baal,
to meet me on Mount Carmel.
I will prove who the true God is!"

Everyone gathered on the mountain.
Then Elijah said to the people,
"Make up your mind!
If the Lord is God, follow Him.
However, if Baal proves himself today,
follow him."

"Baal's prophets and I will each kill a bull,
place it on an altar, and pray.
The god that sends fire to burn up the bull
is the true God!"

“당신은 **하나님**을 따르지 않고,
배얼에게 제사하고 있어요.” 일라이자가 말했다.
“모두에게 전하세요.
배얼의 예언자들을 포함하여,
카멀산에 나를 만나러 오라고 말이죠.
나는 누가 진짜 **하나님**인지 증명하겠어요.”

모두가 그 산에 모였다.
그때 일라이자가 사람들에게 말했다.
“당신들 마음을 결심하세요!
만약 **주님**이 **하나님**이면, **그**를 따르겠다고.
하지만, 만약 배얼이 오늘 자신을 입증하면,
그를 따르세요.”

“배얼의 예언자들과 나는 각각 황소를 한 마리씩 잡아,
그것을 제단 위에 두고 기도할 겁니다.
불을 보내어 황소를 태우는 신이
진짜 **하나님**이지요!”

Baal's prophets went first.
They prayed to Baal all morning.
No fire came.
"Maybe Baal is sleeping," Elijah laughed.
"Shout louder!"
So Baal's prophets shouted all afternoon.
Still, nothing happened.

Elijah built an altar.
He put the bull and the wood on it.
He dug a ditch around it.
Then he had water poured over everything
until the ditch was full!

Elijah prayed.
Immediately fire fell from heaven!
It burned up the bull,
the wood, the stones, and the water!
The people bowed down and cried,
"The Lord is God!"

배얼의 예언자들이 먼저 했다.
그들은 아침 내내 배얼에게 기도했다.
불은 일어나지 않았다.
"아마 배얼이 자는 중인가보다" 일라이자가 비웃었다.
"더 크게 소리쳐라!"
그리고 배얼의 예언자들이 오후 내내 소리쳤다.
그래도 여전히 아무일도 일어나지 않았다.

일라이자가 제단을 만들었다.
그는 황소와 나무를 그 위에 얹었다.
그는 제단 주위에 도랑을 팠다.
그리고 곳곳에 물을 붓는데,
도랑이 가득찰 때까지 했다.

일라이자가 기도했다.
곧바로 불이 하늘에서 떨어졌다.
그것이 황소를 태우고,
나무와, 돌과, 물까지 불태웠다!
사람들이 머리를 숙이고 외쳤다.
"**주님**이 **하나님**이다!"

17 A Roaring Rescue

Daniel and the Lions' Den

Daniel 1:1-4; 6

God's people disobeyed Him;
so He let their enemies take them into captivity.
They destroyed Jerusalem
and carried away many of the Jews
to their own country, Babylon.

Daniel was one of the Jews in Babylon.
He trusted God
and prayed to Him three times a day.
God blessed Daniel, and
he became a powerful leader in that country.

Some leaders were jealous of Daniel,
so they made a new law.
People could only pray to king Darius.
Whoever disobeyed
would be thrown into a lions' den.
Darius agreed.

대니얼과 사자동굴

대니얼 1:1-4; 6

하나님의 백성이 **그**를 순종하지 않아서,
그는 백성을 그들 적에게 포로로 잡혀가게 했다.
그들은 저루살럼을 파괴하고,
많은 쥬다인을 끌고,
자기들 나라 배블런으로 데려갔다.

대니얼도 배블런의 쥬다인 중 하나였다.
그는 **하나님**을 믿고 따르며,
그에게 하루에 세 번씩 기도했다.
하나님은 대니얼을 축복하여,
그는 그 나라에서 영향력 있는 지도자가 되었다.

일부 지도자들이 대니얼을 시기해서,
그들이 새법을 만들었다.
사람은 오직 대리어스왕에게만 기도할 수 있었다.
누구든 복종하지 않으면,
사자굴로 던져지게 될 것이다.
대리어스왕도 동의했다.

Daniel still prayed to God and was arrested.
Darius was sad;
he liked Daniel.
He realized he'd been tricked
but couldn't change the law.
Daniel was thrown to the lions.

The lions roared and crept up to Daniel.
Then an angel arrived!
It was God who sent him.
The angel shut the lions' mouths.
Daniel spent the night there, unharmed.

At daybreak,
Darius went to see if Daniel was alive.
"God sent an angel to save me,"
Daniel said.
The king was thrilled.
Daniel was pulled out of the den.

대니얼이 계속 **하나님**에게 기도하다, 체포되었다.
대리어스 마음이 언짢았던 것은,
그가 대니얼을 좋아했기 때문이었다.
그는 계략에 걸려들었다는 것을 깨달았다.
그러나 법을 바꿀 수는 없었다.
대니얼은 사자에게 던져졌다.

사자들이 으르렁거리며 대니얼에게 다가왔다.
그때 천사 하나가 왔다.
그를 보낸 것은 **하나님**이었다.
천사는 사자들의 입을 닫게 했다.
대니얼은 거기서 밤을 보냈는데, 아무런 해가 없었다.

날이 밝자,
대리어스왕이 가서 대니얼이 살아 있는지 보았다.
"**하나님**이 천사를 보내, 나를 구했어요."
대니얼이 대답했다.
왕은 놀라며 두려워졌다.
대니얼은 굴밖으로 끌어내어졌다.

Then King Darius
had Daniel's enemies thrown into the den.
The lions gobbled them up!
King Darius told everyone in his kingdom
to honor Daniel's powerful, living God.

그때 대리어스왕은,
대니얼의 적을 굴속에 던져버렸다.
사자들이 그들을 모조리 먹어치웠다.
대리어스왕은 자기 왕국의 모든 사람에게 말하여,
강력하게 살아 있는 대니얼의 **하나님**을 경외하게 했다.

18 The Brave and Beautiful Queen

Esther

Esther 2-5; 7; 9:20-22

Esther was the Queen of Persia.
Even her husband, King Xerxes,
didn't know her secret.
Esther was Jewish.
Esther's cousin, Mordecai,
worked at the palace and looked out for her.

Xerxes' advisor, Haman, received a great
reward. He was very proud.
Everyone except Mordecai bowed down to him.
Haman was insulted.
He vowed to kill Mordecai and all the Jews!

Haman told Xerxes
that the Jews were dangerous and should die.
Xerxes agreed and set a day to kill them.
Mordecai was terrified
and sent a message to Queen Esther.

용감하고 아름다운 왕비

에스털

에스털 2-5; 7; 9:20-22

에스털은 [이란 전 페르시아] 펄쟈의 왕비였다.
그녀의 남편 적시스왕조차
그녀의 비밀을 알지 못했다.
에스털은 쥬다인이었다.
에스털의 친척 몰어카이는,
궁전에서 일하며 그녀를 보살폈다.

적시스의 자문관 해먼은 큰 보상을 받았다.
그래서 그는 자부심이 대단히 컸다.
몰어카이만 빼놓고, 모두가 그에게 머리 숙여 절했다.
해먼은 모욕적이었다.
그는 몰어카이와 모든 쥬다인을 죽이겠다고 맹세했다.

해먼이 적시스에게 말했다.
쥬다인은 위험하니 죽여야 한다는 것이다.
적시스는 동의하고 그들을 죽일 날을 정했다.
몰어카이는 두려워서
에스털왕비에게 메시지를 보냈다.

"Change the king's mind," said Mordecai.
"If I go to him without his invitation
he can have me killed," Esther replied.
"Perhaps you were made queen
just for this moment," said Mordecai.

Esther bravely agreed to try.
She went to the throne room.
King Xerxes was amazed by her beauty
and invited her in.
"Can we have dinner with Haman?"
she asked.

Haman was building a big gallows
in his back yard.
He planned to hang Mordecai on it.
Then the king's invitation arrived.
So Haman went to the palace for dinner.

"왕의 마음을 돌려라." 몰어카이가 말했다.
"만약 내가 왕의 초청없이 그에게 가면,
그는 나를 죽일 수도 있어요." 에스털이 대답했다.
"어쩌면 네가 왕비가 되었을 지 모른다.
바로 이 순간을 위하여!" 라고 몰어카이가 대답했다.

에스털은 용감하게 노력하겠다고 동의했다.
그녀는 왕좌가 있는 접견실로 갔다.
젘시스왕은 그녀의 아름다움에 감탄하며,
그녀를 초대했다.
"우리가 해먼과 함께 만찬할 수 있나요?"
그녀가 물었다.

해먼은 커다란 교수대를 세우고 있었다.
그의 뒤뜰에.
그는 거기에 몰어카이를 매달 계획이었다.
그때 왕의 초청이 도달했다.

“A man wants to kill me
and my people, the Jews,”
Esther told Xerxes.
“Who would do such a thing?” he asked.
“The evil Haman!” Esther cried.
“Haman? Guards! Put him to death.”

So Haman was hanged
on the gallows he’d built for Mordecai.
Because of Esther, the Jews were saved!
They celebrated with a great feast,
which they observe to this day.

“한 사람이 나를 죽이고 싶어하고,
또 나의 민족 쥬다인을 죽이고 싶어해요.”
에스털이 젘시스에게 말했다.
“누가 그런 짓을 하려고 하지?” 그가 물었다.
“악한 해먼이에요!” 에스털이 소리쳤다.
“해먼이라고? 경비병! 그를 죽여라.”

그래서 해먼이 매달렸는데,
그가 몰어카이를 위해 건설한 교수대에서였다.
에스털로 인해 쥬다인이 구제되었다.
그들은 위대한 축일로 기념하며,
그들이 이날을 지킨다.

19 The Walls Go Up

Nehemiah and Ezra

Nehemiah 1-4; 6:15-16; 8:1-3; 10:28-29; 12:27

Nehemiah was the cupbearer
to King Artaxerxes of Persia.
Nehemiah heard that Jerusalem was in ruins
and that his friends there were in trouble.
He asked God to help them.

God gave Nehemiah the courage
to speak to King Artaxerxes.
Nehemiah asked if he could go to Jerusalem
and help them fix their walls.
Artaxerxes agreed.
Nehemiah left for Jerusalem.

Nehemiah walked around Jerusalem.
Things were even worse than he'd heard.
"This will be a big job,"
he told the people,
"but, with God's help,
we can rebuild these walls."

성벽이 올라가다

니어마야와 에즈라

니어마야 1-4; 6:15-16; 8:1-3; 10:28-29; 12:27

니어마야는 왕에게 와인잔을 건네는,
펄쟈의 알더젘시스왕의 술담당이었다.
니어마야는, 저루살럼이 폐허가 되었다고 들었고,
또 그의 친구들이 고통속에 있다는 소식도 들었다.
그는 **하나님**에게 그들을 돕기를 기원했다.

하나님은 니어마야에게 용기를 주어,
알더젘시스왕에게 말하게 해주었다.
니어마야는 자기가 저루살럼에 갈 수 있기를 요청하고
또 그들의 성벽수리를 돕기를 바랐다.
알더젘시스왕은 동의했다.
니어마야는 저루살럼으로 떠났다.

니어마야는 저루살럼 일대를 걸었다.
모든 것이 들었던 것보다 훨씬 나빴다.
"이것은 대단히 큰 사업이 될 것이다."
그는 사람들에게 말했다.
"그러나 **하나님**의 도움으로,
우리는 이 성벽을 재건할 수 있다."

Everyone worked in families and groups
fixing the gates first.
They fixed the Sheep Gate, the Fish Gate,
the Dung Gate, and the other gates.
Then they started rebuilding the walls.

First, their enemies laughed.
But as the walls grew higher,
those enemies prepared to attack.
So God's people worked with a tool in one hand
and a sword in the other.

After just 52 days,
the wall was finished!
Ezra, the priest,
read God's law to the people.
They promised to obey God's law
and praised Him for protecting them.

모두가 가족과 무리 단위로 일하며,
우선 성문을 수리했다.
그들은 '양의대문' '물고기대문'을 고치고,
'오물대문'과 다른 여러 대문을 수리했다.
다음 그들은 성벽을 재건하기 시작했다.

무엇보다 그들의 적이 비웃었다.
그런데 성벽이 높이 올라가자,
적들은 공격을 준비했다.
그래서 **하나님**의 백성은 한 손에 연장을 들고 일하고,
다른 손에는 칼을 들었다.

단 52일이 지난 뒤,
성벽이 완공되었다.
에즈라 제사장은
하나님의 법을 백성에게 읽어주었다.
그들은 **하나님**의 법을 따를 것을 약속하며,
자신들을 방어해준 **그**를 높이 받들며 감사했다.

20 The First Christmas Gift

Jesus is born

Luke 1:26-38; 2:1-20; Matthew 1:18-25

The angel, Gabriel, told Mary,
"You will have a baby!"
"How?" asked Mary.
"I'm not married."
"God's Holy Spirit will come down to you.
The baby will be God's Son."
Mary believed him.

Mary was engaged to Joseph,
but he didn't believe her story.
So an angel visited him, too.
"Mary's not lying.
Her baby will be God's Son.
You must name Him Jesus."

지저스가 태어나다

루크 1:26-38; 2:1-20; 맽쓔 1:18-25

천사 개이브리얼이 매리에게 말했다.
"너는 아기를 가질 거야!"
"어떻게?" 매리가 물었다.
"나는 결혼하지 않았는데."
"**하나님**의 신성한 영혼이 너에게 내릴 거야.
그 아기는 **하나님**의 아들이 되는 거지."
매리는 그를 믿었다.

매리는 조셒과 약혼했지만,
그는 그녀의 이야기를 믿지 않았다.
그래서 천사가 그에게도 방문했다.
"매리가 거짓말하는 게 아니야.
그녀의 아기는 **하나님**의 아들이 되는 거야.
너는 **그**를 **지저스**라고 이름 지어야 해."

Many months passed.
Then they traveled to Bethlehem,
Joseph's hometown,
to be counted by the government.
After that long journey,
Mary was ready to give birth.

But all the inns in Bethlehem were full.
So God's Son was born in a stable,
wrapped in cloths, and laid on a bed of hay.
They named Him Jesus.

That night,
an angel appeared to some shepherds
in the hills near Bethlehem.
"Good news!" the angel said.
"Your Savior has been born.
He's in Bethlehem, lying in a manger."

여러 달이 지났다.
그때 그들은 베쓸레헴으로 여행을 했다.
그곳은 조셒의 고향으로,
그 관할지역은 [출생신고를] 받아주게 될 곳이다.
긴 여행 끝에
매리는 출산을 준비했다.

그러나 베쓸레헴의 여관은 모두 가득찼다.
그래서 **하나님**의 아들은 마구간에서 태어나,
천에 싸여 건초침대 위에 놓였다.
그들은 **그**를 **지저스**라고 이름을 지었다.

그날 밤,
한 천사가 몇몇 목자에게 나타났는데,
베쓸레헴 가까운 동산 위였다.
"좋은 소식이다!" 천사가 말했다.
"너희 구원자가 태어났다.
그는 베쓸레헴의 여물통 안에 누워있다."

Suddenly more angels appeared,
so many of them that they filled the skies.
"Praise God in heaven!" they all sang.
"And may everyone who pleases Him
receive His peace."

When the angels left,
the shepherds hurried to Bethlehem.
They found the baby, their Savior,
lying on a bed of hay.
It was just as the first angel had said.

After the shepherds had seen Jesus,
they went through the town.
They were very excited!
They told everyone what had happened,
and they praised God for what He had done!

갑자기 천사가 더 나타나더니,
수많은 천사가 하늘에 가득찼다.
"하늘의 **하나님**을 칭송하자!" 그들이 모두 노래했다.
"그러면 **그**를 기뻐하는 모두가
그의 평화를 받을 수 있을 것이다."

천사들이 떠났을 때,
목자들은 서둘러 베쓸레헴으로 갔다.
그들은 아기, 곧 그들의 구원자를 발견했는데,
건초침대에 누워있었다.
그것은 첫번째 천사가 말했던 그대로였다.

목자들이 **지저스**를 본 다음,
그들은 마을로 갔다.
그들은 대단히 흥분했다.
그들은 모두에게 무슨 일이 일어났는지 전했고,
사람들은 **그**가 이룬 일에 대해 **하나님**을 칭송했다.

21 The Beloved Son

Jesus is baptized

Matthew 3:1-3, 13-17; Luke 3:15-16; John 1:29; Malachi 3:1

"Before God sends His special Savior,"
said the prophet, Malachi,
"a messenger will come
to prepare the way for Him."
So John came before Jesus,
preaching by the Jordan River.

"Prepare the way for the Lord!" John said.
"God is sending someone
very special to His people.
Change your ways.
Turn from the bad things you have done.
Be baptized."

지저스가 세례받다

맽쓔 3:1-3, 13-17; 루크3:15-16; 존1:29; 말러카이 3:1

"**하나님**이 **그**의 특별한 구원자를 보내주기 전,"
예언자 말러카이가 말했다.
"한 전령이 와서,
그를 위한 길을 마련하게 될 것이다."
그렇게 존**지저스** 사촌은 **지저스**가 오기 전에,
조든강가에서 가르침을 전파했다.

"**주님**을 맞이할 준비를 하자!" 존이 말했다.
"**하나님**이 어떤 사람을 보내는데,
그의 백성에게 매우 특별한 존재다.
너희 마음을 새롭게 다짐해라.
너희가 하던 비행에서 돌아서라.
세례를 받아 [마음을] 정화하자!"

So that's what people did!
"Are you the promised one?" they asked.
"No," said John.
"I'm not worthy to even carry His sandals.
He will do amazing things.
You'll see!"

Jesus came to John to be baptized.
When John saw Jesus, he said,
"Behold, the Lamb of God
who takes away the sins of the world!"

"I want you to baptize Me," Jesus said.
"No," John replied.
"I need to be baptized by You!"
"Trust Me," said Jesus.
"This is the right thing to do."

So John baptized Jesus.
God's Sprit came down on Jesus like a dove.
"This is My Son," God said.
"I love Him.
He pleases Me very much!"

그러자 사람들의 반응은 이랬다.
"당신이 약속된 바로 그 사람인가?" 그들이 물었다.
"아니다." 존이 말했다.
"나는 **그**의 샌들조차 들 가치도 없다.
그는 놀라운 일을 하게 될 것이다.
우리는 앞으로 보게 될 것이다!"

지저스가 존에게 세례를 받으러 왔다.
존이 **지저스**를 보고, 그가 말했다.
"보라, **하나님**의 어린양,
그가 세상의 죄를 제거하게 된다!"

"나는 당신에게 세례받고 싶어요." **지저스**가 말했다.
"아니죠." 존이 대답했다.
"내가 당신한테 세례를 받아야 하죠."
"나를 믿어주세요." **지저스**가 대답했다.
"이것은 올바른 일이니까요."

그리고 존이 **지저스**에게 세례를 해주었다.
하나님의 영혼이 **지저스**에게 비둘기처럼 내려앉았다.
"이것은 **나의 아들**이다." **하나님**이 말했다.
"**나**는 **그**를 사랑한다.
그는 **나**를 대단히 기쁘게 한다!"

22 A Test in the Desert

Jesus is tempted

Mattew 4:1-11

God's Sprit let Jesus into the desert.
He had nothing to eat for forty days and nights.
After that, Jesus was very hungry!

Knowing that Jesus was hungry,
Satan tempted Him.
He pointed to a rock and said,
"If You are the Son of God,
tell these rocks to become bread."

Jesus answered Satan,
using God's words from the Bible.
"It's not just bread that keeps people alive,"
He said.
"Their lives also depend on what God says."

지저스가 시험받다

맽쓔 4:1-11

하나님의 영혼이 **지저스**를 사막으로 데려갔다.
그는 40일 낮과 밤 동안 아무것도 먹지 못했다.
그러자, **지저스**는 대단히 배가 고팠다.

지저스가 배가 고프다는 것을 알고,
[악의 전령] 새이튼이 **그**를 시험했다.
그는 바위 하나를 가리키며 말했다.
"만약 네가 **하나님의 아들**이라면,
이 바위가 빵이 되라고 말해봐라."

지저스가 새이튼에게 대답하며,
바이블에 있는 **하나님**의 말을 인용했다.
"인간이 사는 것은 오직 빵만으로 되는 게 아니다."
그가 말했다.
"그들의 생명 역시 **하나님** 말에 따른다."

Next, Satan took Jesus to the top of the temple.
"If You are the Son of God, jump off!
The Scriptures say
that God's angels will rescue You."

So Jesus used God's Word
to give His second answer.
"Do not put the Lord your God to the test,"
He said, quoting again from the Bible.

Finally, Satan took Jesus to a mountain,
and showed Him
all the world's kingdoms and wealth.
"This can be Yours," he said,
"If You bow down and worship me."

"Go away, Satan!" Jesus commanded.
Then He quoted God's Word one more time.
"For it is written,
'Worship the Lord your God and serve Him
only.'"

다음, 새이튼이 **지저스**를 성전옥상으로 데려갔다.
"네가 **하나님의 아들**이면, 뛰어내려봐라!
신성한 글에서 이르기를,
'**하나님**의 천사가 **너**를 구한다'며."

그때 **지저스**가 **하나님**의 말을 이용하여,
자기의 두 번째 대답을 해주었다.
"너의 **주인 하나님**을 시험하지 마라."
그는 대답으로, 다시 바이블을 인용했다.

마지막으로, 새이튼이 **지저스**를 산으로 데려가,
그에게 보여준 것은,
온세상의 왕국과 재물이었다.
"이것은 **네**것이 될 수 있는데," 그가 말을 이었다.
"만약 **네**가 머리를 숙여 나를 경배하면 말이다."

"꺼져라, 새이튼아!" **지저스**가 명령했다.
그때 **그**는 **하나님**의 말을 한 번 더 인용했다.
"적힌 대로,
'너의 **주인 하나님**을 경배하고, 오직 **그**만을 섬겨라.'"

As soon as Jesus said it, Satan left Him.
Then angels came and cared for him.
Jesus had faced temptation
and hadn't sinned, not even once.

지저스가 그렇게 말하자마자, 새이튼이 **그**를 떠났다.
그때 여러 천사가 와서 **그**를 보살폈다.
지저스는 유혹을 마주했지만,
죄를 짓지 않았고, 단 한 번도 하지 않았다.

23 The King and the Kingdom

The Sermon on the Mount

Matthew 4:23-7:29; John 18:36-37

Jesus traveled,
teaching about the Kingdom of Heaven,
and crowds followed Him.
They didn't know yet that Jesus is the King,
but He taught them
how to live as people of His Kingdom.

"People do good," said Jesus,
"because of the good in their hearts.
People do evil when evil is in their hearts.
God wants to make your heart like His heart."

"Don't worry about things like food and clothes,"
said Jesus.
"Put God first in your life.
Obey Him. Trust Him.
He will make sure that you have what you need."

산에서 가르침

맽쓔 4:23-7:29; 존 18:36-37

지저스가 여행하며,
하늘의 왕국에 관하여 가르치자,
군중이 **그**를 뒤따랐다.
그들은 아직 **지저스**가 **왕**이라는 것을 알지 못했지만,
그는 그들을 가르치며,
그의 **왕국**의 백성으로 살아가는 방법을 알려주었다.

"사람은 좋은 일을 해야 한다" 라고 **지저스**가 말했다.
"그 이유는 인간 마음 안에 선이 있기 때문이다.
마음 안에 악이 있을 때, 사람은 나쁜 일을 한다.
하나님은 네 마음이 **그**의 마음처럼 되기를 바란다."

"음식과 옷과 같은 것을 걱정하지 말라"며
지저스가 말했다.
"**하나님**을 네 인생에 제일 첫 번에 두어라.
그에게 순종하며, 그를 믿고 따라라.
그는 반드시 네가 필요한 것을 얻게 해준다."

Jesus taught this prayer:
"Father God, your name is holy.
Reign on earth like You reign in heaven.
Meet our needs today.
Help us obey You.
All power is Yours, forever!"

Then Jesus told a story.
"One man built his house on a rock.
A big storm came.
Because the house was built on a rock,
it did not fall down."

"Another man
built his house on soft and shifting sand.
A big storm came.
Because the house was built on sand,
it fell down with a crash!"

지저스는 기도자에게 이렇게 가르쳤다.
"**아버지 하나님**, 당신의 이름은 신성해요.
당신이 하늘을 다스리듯 땅도 다스려주세요.
오늘 우리가 바라는 바를 이루어주세요.
우리가 **당신**을 따르도록 도와주세요.
모든 힘은 **당신**의 것이에요, 영원히!"

그리고 **지저스**는 어느 이야기를 들려주었다.
"어떤 사람이 바위 위에 집을 지었다.
큰 폭풍이 불어왔을 때,
그 집은 바위 위에 지었기 때문에,
무너지지 않았다."

"다른 사람은
자기 집을 무르고 연한 모래 위에 세웠다.
큰 폭풍이 불어오자,
집을 모래 위에 세웠기 때문에,
쓰러져 붕괴되었다."

"The things I teach you
are like the rock," said Jesus.
"Put My words into action,
and you will be like the man
who built his house on a rock."

"**내**가 너희에게 가르치는 것은,
바위와 같이 되라는 것이다" 라고 **지저스**가 말했다.
"**나**의 말을 행동으로 옮기면,
너희는 이런 사람이 될 것이다.
곧, 자기집을 바위 위에 건설하는 사람이다."

24 Through the Roof

Jesus heals a paralyzed man

Luke 5:17-26

Full! The house was full!
Jesus was in the house, teaching and healing,
and everyone wanted to see Him.

Some men had a friend who could not walk.
They believed that Jesus could heal him,
so they carried him to the house on a mat.

Because the house was so full,
they couldn't get in.
So they carried their friend up the steps
to the flat roof
and started tearing up the tiles!

They opened a hole in the roof.
Everyone in the house looked up, amazed!
Then they lowered their friend
into the middle of the crowd.

지붕을 통하여

지저스가 몸이 마비된 사람을 고치다

루크 5:17-26

꽉찼다! 집이 가득찼다!
지저스가 어느 집에서 가르치며 치료해주고 있었는데,
모든 사람이 **그**를 보고싶어 했다.

사람들 가운데 걷지 못하는 친구가 한 사람 있었다.
그들은 **지저스**가 그를 치료해줄 수 있다고 믿고,
그들이 들것으로 친구를 집안으로 옮기려 했다.

그 집은 [사람들로] 너무 가득찼기 때문에,
그들이 안으로 데려갈 수 없었다.
그래서 그들은 친구를 계단 위로 옮겨,
옥상까지 올라간 다음,
위쪽 타일을 뜯기 시작했다.

친구들은 지붕에 구멍을 뚫었다.
집안에 있던 모두가 쳐다보고 놀랐다.
다음 그들은 친구를 아래로 내려,
군중의 한가운데로 들여보냈다.

They thought
Jesus would heal their friend.
Instead, Jesus said to him,
"Your sins are forgiven."
The religious leaders were very unhappy.
"Only God can forgive sins," they grumbled.

"What's easier?" asked Jesus.
"To forgive a man's sins or make him walk?
To show you that I have God's power to forgive sins,
I will heal his legs."

"Pick up your mat and walk home,"
said Jesus to the man.
And he did! His friends cheered,
and so did everyone else.
Now the house was filled...with praise.

그들은 생각했다.
지저스가 친구를 낫게 할 수 있을 것이라고.
그 대신, **지저스**가 그에게 말했다.
"너의 죄는 용서가 되었다."
종교 지도자들은 마음이 몹시 불쾌했다.
"오직 **하나님**만이 죄를 용서할 수 있다"며 불만했다.

"무엇이 더 쉬울까?" **지저스**가 물었다.
"인간의 죄를 용서하기일까, 아니면 걷게 만들기일까?
내가 **하나님**의 능력으로 죄를 용서하는 것을 보이기 위해,
그의 다리를 낫게 하겠다."

"네 들것을 집어들고, 걸어나가라"며,
지저스가 그 사람에게 말했다.
그러자 그가 그렇게 했다. 친구들이 환호하고,
그 밖의 모든 사람도 그랬다.
그래서 그 집안에는 칭찬과 감사로 가득찼다.

25 Demons Destroyed

Jesus casts out evil sprits

Mark 5:1-20

Jesus and His disciples
crossed the Sea of Galilee.
They met a man with evil spirits,
who lived in a cemetery.
He screamed constantly and
cut himself with stones.

Jesus told the spirits to leave.
"Don't hurt us, Jesus!" the spirits cried.
"My name is Lots," said the man.
"There are lots of evil spirits in me."

"Well, you have to leave him," said Jesus.
"You have no choice."
The evil spirits were scared.
There was a large herd of pigs nearby.
"Then send us into the pigs!"

악의 영혼을 없애다

지저스가 악의 영혼을 쫓아내다

말크 5:1-20

지저스와 **그**의 제자들이
갈릴리호수를 건넜다.
그들은 악의 영혼이 들어 있는 사람을 만났는데,
그는 묘지구역에서 살았다.
그는 끊임없이 비명을 지르며,
자신의 신체를 돌로 [상처내며] 자해했다.

지저스가 악령에게 떠나라고 말했다.
"우리를 헤치지 마라, **지저스**야!" 라고 악령이 외쳤다.
"나의 이름은 '많다'인데," 그 남자가 이어 말했다.
"따라서 내 안에 악령이 많다."

"어서, 너는 그를 놔주어야 한다." **지저스**가 말했다.
"너는 [떠나는 것 이외] 다른 선택이 없다."
악의 영혼은 두려워졌다.
그곳 근처에 큰 돼지우리가 있었다.
"그럼, 우리를 돼지한테 보내라."

Jesus let the evil spirits enter the pigs.
The whole herd rushed down a steep bank
into the lake and drowned!

The people who took care of the pigs
told everyone in town what had happened.
The townspeople came to the cemetery.
They saw that
Jesus had made the man well.

Frightened, the people
begged Jesus to leave.
The man asked to go with Jesus.
Jesus replied, "Stay here.
Tell everyone what I've done."
The man did,
and everyone was amazed!

지저스는 악령을 돼지에게 들어가게 했다.
돼지무리 전체가 가파른 강둑 아래로 급히 내달리더니,
호수로 들어가 빠져버렸다.

돼지를 관리하던 사람이
마을에 있는 모두에게 무슨 일이 벌어졌는지 전했다.
마을 사람이 묘지로 왔다.
그들이 본 것은,
지저스가 그 사람을 제대로 치료해놓은 모습이었다.

잔뜩 겁을 먹은 사람들이
지저스에게 떠나 달라고 애걸했다.
그 남자는 **지저스**와 함께 가게 해달라고 부탁했다.
지저스가 대답했다. “이곳에 머물러라.
그리고 모든 사람에게 **내**가 한 일을 전해라.”
그래서 그 남자는 그렇게 했고,
모든 사람은 경탄하며 놀랐다.

26 Time to get up

Jesus heals a girl

Luke 8:40-42, 49-56; Matthew 9:18-19

Jairus, a leader of the synagogue,
fell at Jesus' feet.
"My little girl is dying," he cried.
"If You lay Your hands on her,
I know that she will live."

Pushing through the crowd,
they met some men from Jairus' house.
"Your daughter is already dead," they said.
"Don't be afraid," said Jesus.
"Believe, and your daughter will be healed."

They arrived at Jairus' house,
and found people weeping for the girl.
"Why are you weeping?" Jesus asked.
"The girl's not dead. She's only sleeping."
The people laughed at Him.

지저스가 소녀를 치료하다

루크 8:40-42, 49-56; 맽쓔 9:18-19

시너가그 집회지도자 자이러스가
지저스의 발 앞에서 쓰려졌다.
"나의 어린 딸이 죽어가고 있어요." 그가 울었다.
"만약 **당신**이 딸에게 손을 얹어주면,
그 아이가 살아날 것으로 아는데요."

군중을 헤치며,
[제자] 그들이 자이러스 집에서 온 몇 사람을 만났다.
"당신의 딸은 이미 죽었다." 그들이 말했다.
"두려워 마라." **지저스**가 말했다.
"믿으면, 당신 딸은 나을 것이다."

그들이 자이러스의 집에 도착했는데,
사람들이 소녀 때문에 울고 있는 것을 발견했다.
"왜 너희가 울고 있나?" **지저스**가 물었다.
"소녀는 죽지 않았다. 그녀는 잠자고 있을 뿐이다."
사람들은 **그**를 비웃었다.

Jesus and three of His disciples,
Peter, James, and John, went into the house
with Jairus and his wife.
The little girl was lying there,
just as everyone had said.

Jesus took her hand.
Then He said, "Stand up, little girl."
And she did!
She even walked around the room!

Jairus and his wife were amazed!
Jesus told them
not to tell anyone what He had down.
"Now," said Jesus,
"I think this girl needs something to eat!"

지저스와 제자 세 사람,
필어와 재임스와 존이 집으로 들어가며,
자이러스와 그 아내도 함께 갔다.
어린 소녀는 그곳에 누워 있었고,
모두가 말했던 그대로였다.

지저스가 그녀의 손을 잡았다.
그리고 **그**가 말했다. "일어나, 소녀야!"
그러자 소녀가 그렇게 했다.
그녀는 심지어 방안을 걸어다니기까지 했다.

자이러스와 그 아내는 감탄했다.
지저스가 말하며 그들에게,
자기가 한 일을 어떤 사람에게도 말하지 말라고 했다.
"지금," **지저스**가 말했다.
"**내** 생각에, 소녀는 무언가 먹어야 할 것 같다."

27 The Big Picnic

Jesus feeds 5,000

Mark 6:30-44; John 6:8-9

Jesus had finished teaching.
Everyone was hungry.
"Send them away to buy food," His disciples said. But Jesus wanted to show the people that they could trust God.

"Why don't you feed them?" Jesus asked.
"It would take a year's wages
to buy bread for them all!"
His disciples cried.
"How much food do you have?" asked Jesus.

"There is a boy here," said Andrew,
"who has five loaves of bread
and two little fish."
Jesus smiled. "Perfect.
Tell the people to sit down on the grass."

지저스가 5,000명을 먹이다

말크 6:30-44; 존 6:8-9

지저스가 가르치는 일을 마쳤다.
모두가 배가 고팠다.
"그들에게 먹을 것을 사러 보내라." 제자들이 말했다.
하지만 **지저스**는 사람들에게 알려주고 싶었다.
그들이 **하나님**을 믿고 의지하면 된다는 것을.

"왜 너희는 그들을 먹여주지 않나?" **지저스**가 물었다.
"그러면 1년치 급료가 들어갈 거예요.
그들 전체를 위한 빵을 사는데."
그의 제자들이 큰소리로 말했다.
"가진 음식이 얼마나 되지?" **지저스**가 물었다.

"여기 한 소년이 있는데요," 앤드루가 말했다.
"그는 빵 다섯 덩이를 갖고 있고,
또 작은 물고기 두 마리가 있어요."
그러자 **지저스**는 만족한 미소를 지었다. "충분하다.
사람들에게 말하여, 풀밭에 앉게 해라."

So the people sat down
all over the mountainside.
Jesus thanked God
for the bread and the fish.
Then he broke them into pieces
for His disciples to hand out.

Jesus' disciples passed out bread and fish
to the whole crowd.
There were five thousand men
and lots of women and children, too.
Everyone ate as much as they wanted!

Afterwards, the disciples
gathered up the leftovers.
There were twelve baskets full,
from just five loaves and two fish!
The people knew they could trust
God to care for them.

그래서 사람들이 앉았는데,
산지전역에 널리 퍼졌다.
지저스는 **하나님**에게 감사했다.
빵과 물고기에 대하여.
그리고 **그**는 음식을 조각으로 잘라,
제자들에게 나눠주게 했다.

지저스의 제자들이 빵과 물고기를 내놓으며,
전 군중에게 건넸다.
그곳에 사람 오천명이 있었고,
여자와 어린이 역시 무척 많았다.
모두가 원하는 대로 많이 먹었다.

그런 다음 제자들이
남은 음식을 모았다.
12바구니에 가득차게 남은 그것은,
빵 다섯 덩이와 물고기 두 마리로부터 나온 것이었다.
사람들은 그들이 믿을 수 있다는 것을 알게 되었다.
하나님이 자기들을 돌보고 있다고.

28 Coming Home

A father and his two sons

Luke 15:1-3, 11-32

"Why does Jesus spend time with people
who do bad things?"
the religious leaders wondered.
So Jesus
told them a story about God's love.
This is how it went...

A man had two sons.
The younger son asked for the money
he would get when the father died.
Heartbroken, the father
gave his younger son half of his property.

The son moved to a distant country.
He wasted all the money.
Then a famine came,
and he had to feed pigs.
He wished he could eat the pigs' food.

집으로 돌아오다

아버지와 두 아들

루크 15:1-3, 11-32

“어째서 **지저스**가 사람들과 시간을 보내며,
그들을 나쁘게 만들고 있을까?”
종교지도자들은 의심했다.
그래서 **지저스**는
그들에게 **하나님**의 사랑에 관한 이야기를 들려주었다.
그것은 이런 이야기다.

어떤 사람이 두 아들을 두었다.
막내 아들이 돈을 요구했는데,
아버지가 죽으면 자기가 얻게 될 지분이었다.
상심한 그 아버지는 [결국]
막내에게 자기 재산의 절반을 주었다.

그 아들은 먼 지방으로 떠났다.
그는 돈을 전부 낭비해버렸다.
그리고 기근이 들자,
그는 돼지를 먹이는 일을 해야만 했다.
그는 돼지사료라도 먹을 수 있기를 바랐다.

"My father's servants do better than this,"
he thought.
"I'll return home and admit that
I have sinned against him and God.
Maybe
he'll make me one of his servants."

The son went home.
While he was still far away,
his father ran to him and hugged him.
"I'm not worthy to be your son,"
he told his father.

"Bring my son my best robe!"
the father told his servants.
"Put a ring on his finger.
Roast our fattest calf.
My boy was lost, and now he's found!"

"나의 아버지의 종은 이보다 더 나을 텐데,"
라고 그가 생각했다.
"내가 집에 돌아가 [잘못을] 시인해야겠다.
내가 아버지와 **하나님**에게 죄를 지었다고.
어쩌면
아버지가 나를 그의 종 중 하나로 고용할 지도 모른다.

그 아들은 집으로 돌아갔다.
그가 아직 멀리 떨어져 있었는데,
아버지가 달려와 그를 껴안았다.
"나는 당신의 아들이 될 자격이 없어요."
그가 아버지에게 말했다.

"나의 아들에게 가장 좋은 로브옷을 가져오너라!"
아버지가 그의 종에게 말했다.
"그의 손가락에 반지를 끼워줘라!
살찐 송아지를 구워라!
나는 아들을 잃어버렸는데, 이제 다시 찾았구나!"

The older son was angry
when he heard about the celebration.
"It's not fair!" he complained.
"I work faithfully and get nothing.
He wastes your money and gets a party!"

"All that's mine is yours," the father replied.
"Your brother was dead; now he's alive!
He was lost; now he's found!
So what can we do but celebrate?"

형이 화가 난 것은,
그가 잔치에 관하여 들은 때였다.
“이것은 공평하지 않아요!” 그가 불평했다.
“나는 성실하게 일하고도 아무것도 얻은 게 없어요.
그가 당신 돈을 낭비하자, 파티가 열리다니요!”

“내가 가진 모든 것이 네것이다.” 아버지가 대꾸했다.
“네 동생은 죽었다가, 이제 되살아났다!
그를 잃어버렸는데, 이제 찾았잖니!
그러니 우리가 할 수 있는 일이란 축하밖에 뭐가 있을까?”

29 The Donkey and the King

The triumphal entry

Matthew 21:1-11; John 12:16-19; Luke 19:36-40

It was Passover time.
Jerusalem was filled with people.
When Jesus reached the Mount of Olives,
a hill overlooking Jerusalem,
he told two of his disciples to find a donkey.

They found the donkey and put their cloaks
on it. Jesus rode on the donkey,
fulfilling the Bible verse that says,
"Here comes your King,
Jerusalem, riding on a donkey."

Jesus rode the donkey down to Jerusalem.
Many people remembered His miracles
and joined Him.
They put cloaks and palm branches on the road
before Him to honor Him.

당나귀와 왕

환호속 입장

맽쓔 21:1-11; 존 12:16-19; 루크 19:36-40

통과축일이 되었다.
저루살럼은 사람으로 가득찼다.
지저스가 올리브스산으로 갔을 때,
저루살럼이 내려다보이는 언덕에서,
그는 당나귀 한 마리를 찾도록 두 제자에게 말했다.

그들은 당나귀를 찾아, 망토를 그 위에 얹었다.
지저스가 그 당나귀에 올라탔다.
바이블 구절에 있는 그 말이 이루어졌다.
"여기 너희 **왕**이 나타나,
당나귀를 타고 저루살럼에 온다."

지저스는 저루살럼에서 당나귀로부터 내렸다.
많은 사람이 **그**의 기적을 기억하며,
그를 만나러 왔다.
그들은 망토와 야자나뭇가지를 길에 펼쳐 두고,
그 앞에서 **그**에게 존경을 표했다.

They hoped that
Jesus was God's promised Savior.
So they shouted, "Hosanna!"
"Blessed is He who comes in the name of the Lord!"
"Blessed is the King of Israel!"

"The whole world is following Him,"
the Pharisees grumbled.
"Tell them to be quiet, Jesus!"
"Even if everyone stopped shouting,"
Jesus replied,
"the stones would still praise Me!"

그들은 다음을 희망했다.
지저스가 **하나님**이 약속한 **구원자**이기를.
그래서 그들은 소리쳤다. "**호재나**! [구원해주세요!]"
"**주님**의 이름으로 나타난 그에게 축복이 있기를!"
"이즈리얼의 **왕**에게 축복이 있기를!"

"온세상이 **그**를 따르고 있다."
풔러시 [엄격한 법규정파]들은 불쾌했다.
"사람들에게 조용하라고 말해요, **지저스**!"
"만약 모든 사람이 함성을 멈추면,"
지저스가 대답했다.
"돌들이 계속 **나**를 칭송하려고 할 것이다!"

30 A Goodbye Meal

The last supper

Matthew 26:14-16; John 13:26-30; Mark 14:12-26

Jesus healed sick people
and fed hungry people.
He loved outcasts
and taught everyone about God's Kingdom.
But the religious leaders didn't like His teaching
and were jealous of Him.

They hated Jesus so much
that they decided to have Him killed.
They gave thirty pieces of silver to Judas,
one of Jesus' disciples,
to hand Jesus over to them.

Then Jesus and His disciples
celebrated the Passover.
While they ate, Jesus said, sadly,
"One of you will betray Me."
Surprised, they each replied,
"It's not me, Lord!"

이별식사

마지막 저녁

맽쓔 26:14-16; 존 13:26-30; 말크 14:12-26

지저스는 아픈 사람을 낫게 해주고,
또 배고픈 사람을 먹여주었다.
그는 버림받은 사람을 사랑하고,
모두에게 **하나님** 왕국에 관하여 가르쳐주었다.
그러나 종교지도자는 **그**의 가르침을 좋아하지 않고,
그를 시기했다.

그들은 **지저스**를 대단히 증오하여,
그들이 **그**를 죽이기로 결정을 내렸다.
그들은 쥬더스에게 은 30조각을 주었는데,
그는 **지저스** 제자 중 하나였으며,
지저스를 자기들한테 넘기게 했다.

그때 **지저스**는 **자기** 제자와
통과축일을 기념하고 있었다.
그들이 음식을 먹는 동안 **지저스**가 슬프게 말했다.
"너희 중 하나가 **나**를 배신할 것이다."
깜짝 놀란 제자들이 각자 대답했다.
"나는 아니에요, **주인**님!"

"It's true," said Jesus.
"One of you, eating here, will betray Me."
"Not me, Lord," said Judas.
"You know it is," Jesus replied.
"Go! Do it quickly!" So Judas left.

Jesus took bread and thanked God for it.
He broke it, gave it to His disciples, and said,
"Remember Me when you eat this.
It's My body, given for you."

Then Jesus picked up a cup
and thanked God for it.
"Everyone drink from this cup," He said.
"This is My blood,
poured out so that sins may be forgiven."

When they had finished eating,
Jesus and His disciples sang a hymn together.
Then they walked to the Garden of Gethsemane
to pray.

"그것은 사실이다." **지저스**가 말했다.
"너희 중 여기서 먹고 있는 한 사람이 **나**를 배신한다."
"나는 아니죠, **주인**님" 이라며 쥬더스가 대답했다.
"너는 그것을 안다." **지저스**가 대답했다.
"나가라! 어서 빨리!" 그래서 쥬더스가 떠났다.

지저스는 빵을 들고, 그것을 **하나님**에게 감사했다.
그는 빵을 떼어, **자기** 제자에게 주며 말했다.
"너희가 이것을 먹을 때, **나**를 기억해라.
이것은 **나**의 몸인데, 너희를 위하여 바친다."

다음 **지저스**는 잔을 집어들고,
하나님에게 그것을 감사했다.
"모두가 이 잔으로 마셔라." **그**가 말했다.
"이것은 **나**의 피이므로,
부어마시면, 죄가 용서될 수 있을 것이다."

그들이 식사를 끝냈을 때,
지저스와 제자는 함께 칭송의 노래를 불렀다.
다음 그들은 겟세머니동산으로 걸어가
기도했다.

31 In the Garden

Jesus is arrested

Matthew 26:31-75; John 18:1-8

After they ate together,
Jesus told His disciples,
"Tonight, you will abandon Me."
"Not me!" said Peter, boldly.
"I will never leave You, Jesus."

Jesus sighed.
"Before the rooster crows to greet the morning,
you will say, three times, that
you don't know Me."
"I'll die with You before I do that!"
Peter said.

When they came to the Garden of Gethsemane,
Jesus asked His disciples to pray with Him.
The disciples were tired.
They fell asleep.
Jesus prayed alone to the Father.

지저스가 체포되다

맽쓔 26:31-75; 존 18:1-8

그들이 함께 식사한 뒤,
지저스가 **자기** 제자에게 말했다.
"오늘밤, 너희는 **나**를 버릴 것이다."
"나는 아니에요!" 핕어가 분명하게 단언했다.
"나는 절대 **지저스 당신**을 떠나지 않아요."

지저스가 한숨지었다.
"아침인사로 루스터 수탉이 울기 전,
너는 그렇게 세 번 말할 것이다.
네가 **나**를 알지 못한다"고.
"내가 **당신**에 대해 그렇게 말하면, 나는 죽어요."
핕어가 말했다.

그들이 겟세머니동산에 왔을 때,
지저스가 제자들에게 함께 기도하자고 부탁했다.
제자들은 피곤했다.
그들은 잠이 들었다.
지저스는 홀로 **아버지**에게 기도했다.

Jesus knew His enemies wanted Him dead.
He also knew that
dying was God's plan for Him.
"Show me another way," He prayed.
"Otherwise, I will do what You ask."

Suddenly, a light shone.
There was shouting, and everyone woke up!
An angry crowd approached,
sent by the religious leaders.
Judas kissed Jesus
to show them which man to arrest.

"I'm the one you're looking for," said Jesus.
When He said this,
they drew back and fell to the ground.
Then they grabbed Jesus
and took Him to the religious leaders.

지저스는 적이 **자기**를 죽이고 싶어한다는 것을 알았다.
그가 또 알았던 것은,
자신을 위한 **하나님**의 계획 역시 죽음이었다.
"**나**에게 다른 길을 알려주세요" 라며 **그**가 기도했다.
"그게 아니라면, **나**는 **당신**이 바라는 대로 하겠어요."

갑자기 빛이 비쳤다.
외침소리에 모두 잠에서 깨어났다.
한 분노한 무리가 다가왔는데,
종교지도자가 보낸 사람들이었다.
쥬더스가 **지저스**에게 입을 맞추어,
그들이 체포할 사람임을 알렸다.

"**나**는 너를 지켜보고 있다" 라고 **지저스**가 말했다.
그가 이렇게 말했을 때,
그들이 끌어내어 땅에 쓰러뜨렸다.
다음 그들은 **지저스**를 붙잡아,
그를 종교지도자에게 끌고갔다.

Most of Jesus' disciples fled,
but Peter followed behind.
He waited in a courtyard
to see what would happen.
"Weren't you with Jesus?" someone asked.
Frightened, Peter said, "No!"

Two other people asked the same thing.
"You're wrong!" Peter said.
"I don't even know Jesus!"
Peter denied Jesus three times.
When he heard the rooster crow, he wept
bitterly.

지저스의 제자 대부분은 달아났지만,
필어는 뒤를 쫓아갔다.
그는 안뜰에서 기다리며,
무슨 일이 일어날지 보려고 했다.
"당신은 **지저스**와 함께 있지 않았나요?" 누군가 물었다.
두려워진 필어는 말했다. "아니요!"

다른 두 사람이 같은 것을 물었다.
"당신은 잘못 알았어요!" 필어가 말했다.
"나는 **지저스**를 알지도 못해요!"
필어는 **지저스**를 세 번 부인했다.
그는 루스터 수탉소리를 듣더니, 심하게 울었다.

32 It is Finished!

The cross

John 18:28-19:42; Luke 23:34-35, 44-45

The religious leaders told the governor, Pilate,
that Jesus was dangerous
and wanted to be king.
Pilate asked Jesus, "Is this true?"
"I am King," Jesus answered,
"but not of this world."

"Jesus is innocent," said Pilate.
"There's no reason to kill Him.
I will set Him free."
But the crowd shouted, "Kill Him!"

So Pilate had his soldiers whip Jesus.
They forced a thorny crown on His head.
Then they laid a wooden cross on His back
and led Him up a hill.

[할 일을] 다했다!

십자가

존 18:28-19:42; 루크 23:34-35, 44-45

종교지도자들이 총독 파일렅에게 말했다.
지저스는 위험한 인물로
왕이 되려 한다는 것이다.
파일렅이 **지저스**에게 물었다. "그게 사실인가?"
"나는 **왕**이다." **지저스**가 대답했다.
"하지만 이 세상에서가 아니다."

"**지저스**는 죄가 없다." 파일렅이 말했다.
"**그**를 죽일 이유가 없다.
나는 **그**를 석방하겠다."
그러나 군중이 소리쳤다. "**그**를 죽여라!"

그래서 파일렅은 군인들에게 **지저스**를 때리게 했다.
그들은 가시관을 **그**의 머리에 씌웠다.
다음 그들은 나무십자가를 **그**의 등에 지게 하여,
그가 언덕 위로 끌고 가게 했다.

There on that hill,
the Roman soldiers nailed Jesus to the cross,
hands and feet.
Then they raised it high.
Jesus hung there between two criminals.

Around noon, the sky turned dark.
Jesus' friends wept.
The religious leaders laughed and said,
"You saved other people.
Why can't You save Yourself?"
"Forgive them, Father," said Jesus.

When the time came for Jesus to die,
He closed His eyes and said,
"It is finished."
He had completed what He had come to do
because of His great love.

One of Jesus' followers, a man named Joseph,
put Jesus' body in a brand new tomb.
He rolled a huge stone in front of it.
A long sad Friday was over.

그 언덕 위에서,
로먼병사들이 **지저스**를 십자가에 못박았고,
손과 발도 박았다.
다음 그들은 그것을 높이 세웠다.
지저스는 그곳 두 죄수 사이에 매달렸다.

한낮에 하늘이 검게 변했다.
지저스의 친구들은 울었다.
종교지도자들은 비웃으며 말했다.
"**너**는 다른 사람을 구제했다.
어째서 **네 자신**은 구할 수 없나?"
"그들을 용서하세요, **아버지**!" **지저스**가 말했다.

지저스가 죽게 되었을 때,
그는 눈을 감고 말했다.
"[할 일을] 다했다!"
그는 **자기**가 해야 할 임무를 완료했는데,
그의 위대한 사랑에서 비롯된 일이었다.

지저스를 따르는 사람 중 이름이 조셉이라는 사람이,
지저스의 시신을 새무덤 안에 넣었다.
그는 커다란 돌을 그곳 입구까지 굴려 막았다.
길고 슬펐던 금요일이 지났다.

33 A Happy Sunday

The empty tomb

Mark 16:1-4; Matthew 28:5-8; John 20:3-10; Luke 24:1-12, 36-49

Sunday morning, some women
went to put burial spices on Jesus' body.
They knew
a big stone was covering the tomb's entrance
and wondered how they would move it.

When they arrived,
the stone had already been moved,
Jesus' body was gone,
and there were angles in the tomb!
"Jesus is alive!" the angels said.
"Go tell His disciples."

The women told the disciples,
and Peter and John ran to Jesus' tomb
to see for themselves.
All they found were Jesus' burial cloths.
They went back home, confused.

빈무덤

말크 16:1-4; 맽쓔 28:5-8; 존 20:3-10; 루크 24:1-12, 36-49

일요일 아침, 몇몇 여자들이
장례용 향료를 **지저스**의 시신에 얹으려고 갔다.
그들이 알고 있었던 것은,
커다란 돌이 무덤입구를 덮고 있다는 것이고,
그들은 그것을 어떻게 움직일 수 있을지 의문이었다.

그들이 도착했을 때,
커다란 돌은 이미 옮겨져 있었고,
지저스의 시신은 사라졌으며,
그곳 무덤 안에 천사들이 있는 게 아닌가!
"**지저스**는 살아났다!" 천사들이 말했다.
"가서 **그**의 제자들에게 전해라."

여자들이 제자들에게 전하자,
핕어와 존이 **지저스**의 무덤으로 달려와,
직접 확인하고자 했다.
그들 모두 **지저스**의 장례용 수의를 발견했다.
그들은 집으로 돌아가면서 당황했다.

Later, the disciples
were gathered together in a room.
They were talking about what had happened,
when Jesus appeared to them.
They were terrified.
They thought He was a ghost.

"Don't worry," said Jesus.
"See My hands and feet.
It's Me! Touch Me! Go on!
You can't touch a ghost.
And ghosts don't eat either,
but I'm feeling really hungry."

So He ate some fish.
Then He taught them.
"The Scriptures are clear," He said.
"The Messiah was supposed to suffer and die,
and then be raised from the dead."

그런 다음 제자들은
방안에 함께 모였다.
그들은 어떻게 된 것인지 이야기하고 있었다.
지저스가 그들에게 나타나자,
그들은 두려웠다.
그들은 **그**가 귀신이라고 생각했다.

"걱정하지 마라." **지저스**가 말했다.
"**나**의 손과 발을 확인해봐라.
바로 **나**다! **나**를 만져봐라! 어서!
너희는 귀신을 만질 수는 없다.
그리고 귀신은 먹지도 못한다.
그러나 **나**는 진짜 허기를 느낀다."

그리고 **그**는 물고기를 조금 먹었다.
다음 **그**는 그들을 가르쳤다.
"신성한 글은 분명하게 적혀있다." **그**가 말했다.
"그 **머사야**[**구원자**]는 고통받고 죽어야만 했다.
그런 다음 죽음에서 살아난다."

"Now tell the world what you have seen.
Let everyone know that
their sins can He forgiven if they turn to God!
It's possible because of what I have done."

"이제 너희가 본 것을 세상에 전해라.
모든 사람이 알게 해라.
그들의 죄는 **하나님**에게 마음을 돌릴 때, **그**가 용서한다.
그것은 **내**가 한 일이기 때문에 가능한 것이다."

34 Into the Clouds

Jesus returns to heaven

Matthew 28:18-20; Acts 1:4-12

It was time for Jesus to go to heaven.
He led His disciples
to the top of a mountain near Jerusalem.
"Here's what I want you to do,"
He said.

"Wait in Jerusalem
until you receive the promised Holy Spirit.
Then tell everyone about Me.
Go from Jerusalem, to Judea, to Samaria,
and then to the rest of the world!"

"Make many disciples.
Baptize them in the name
of the Father, the Son, and the Holy Spirit.
Teach them everything you learned from Me.
I will always be with you."

구름 속으로

지저스가 하늘로 돌아가다

맽쓔 28:18-20; 실행 1:4-12

지저스가 하늘로 돌아갈 시간이 되었다.
그는 **자기** 제자들에게
저루살럼 근처 산정상으로 오게 했다.
"너희가 실천하기를, 바라는 바는 이것이다."
그가 말했다.

"저루살럼에서 기다리되,
너희가 약속된 신성한 영혼을 받게 될 때까지 기다려라.
다음 **나**에 관하여 모든 사람에게 말해줘라.
저루살럼에서 쥬디아남부와 스매리아중부까지,
그리고 나머지 세상까지 가거라!"

"제자를 많이 만들어라.
그들을 세례하여 정화시켜라.
아버지 이름, 그 아들과, 신성한 영혼의 이름으로 해라.
그들에게, 너희가 **나**로부터 배운 모든 것을 가르쳐라.
나는 언제나 너와 함께 있을 것이다."

When He had said this,
Jesus rose into the sky.
Up He went until
He disappeared into a cloud.
His disciples watched Him.
They stood there, staring into the sky.

Two men, dressed in white, appeared.
"Jesus has gone to heaven," they explained.
"He will come back in the same way!"
So the disciples obeyed Jesus
and went to Jerusalem.

그가 이 말을 다하고,
지저스는 하늘로 올라갔다.
그는 위로 올라,
구름 속으로 사라질 때까지 갔다.
그의 제자들은 **그**를 쳐다보았다.
그들은 거기 서서, 하늘을 뚫어지게 바라봤다.

두 사람이 흰옷을 입고 나타났다.
"**지저스**는 하늘로 갔다." 그들이 설명했다.
"**그**는 같은 식으로 다시 온다!"
그래서 제자들은 **지저스**의 명령을 따르며,
저루살럼으로 갔다.

35 God's Wonderful Gift

The Holy Spirit comes

Acts 2:1-47

Jews from all over the world were in Jerusalem
for the Feast of Pentecost.
Jesus' followers were there, too.
They gathered together,
waiting for the gift Jesus had promised them.

In the middle of the festival, God's gift arrived.
It began with a sound,
a sound like a howling wind
that filled the house where they were waiting.

Next, something that
looked like fire settled on each one of them.
Then God's Holy Spirit
filled everyone in the room,
and He gave them power
to speak different languages!

신성한 영혼이 내려오다

실행 2:1-47

세상 전역으로부터 쥬다인이 저루살럼에 온 것은,
펜테코스트[성령이 내리는] 축일을 기념하기 위해서였다.
지저스를 따르는 사람들이 그곳에 너무 많이 있었다.
그들은 함께 모여,
지저스가 그들에게 약속한 선물을 기다리고 있었다.

축제가 열리는 가운데, **하나님**의 선물이 도착했다.
그것은 소리로부터 시작되었는데,
그 소리는 바람의 울림 같았고,
그것은 그들이 기다리고 있는 집을 가득 메웠다.

다음에 온 것은,
사람마다 불이 붙은듯 [열이 올라] 보였다.
다음 **하나님**의 신성한 영혼이
방안의 모두의 마음을 채워주었고,
그가 그들에게 능력을 주어,
다른 언어로 말을 할 수 있게 했다.

Jews from other parts of the world
heard them and were amazed.
"These people are speaking our languages,"
they said,
"and proclaiming the wonderful things
God has done!"

"This is God's gift," Peter explained.
"It was promised long ago.
It comes to us through Jesus, the Messiah.
You crucified Him,
but God brought Him back to life."

"What should we do?" the people asked, sadly.
"Turn away from evil," said Peter.
"Believe in Jesus Christ.
He will forgive your sins
and give you His Holy Spirit."

On that day,
three thousand people were baptized.
They were just the first of many people
who would come to trust in Jesus as their Savior.

세계의 다른 지역에서 온 쥬다인은,
그들이 말하는 소리를 듣고 몹시 놀랐다.
"이 사람들이 우리 언어로 말한다"
라고 그들이 말했다.
"또 놀라운 것을 선포하고 있다.
'**하나님**의 [하고자 하는] 의도가 이루어졌다!'고"

"이것이 바로 **하나님**의 선물이다." 필어가 설명했다.
"이것은 오래 전에 약속한 것이다.
그것은 **지저스 머사야**[**구원자**]를 통해 우리에게 온다.
너희는 **그**를 십자가에 못박았지만,
하나님은 **그**에게 생명을 주어 다시 살아나게 했다."

"그럼, 우리는 무엇을 해야죠?" 사람들이 우울하게 물었다.
"악으로부터 방향을 돌려," 필어가 말했다.
"**지저스 크라이스트**를 믿어라.
그는 너희 죄를 용서하고,
너에게 **그**의 신성한 영혼을 줄 것이다."

그날,
삼천명이나 되는 사람들이 세례를 받고 정화했다.
그들은 최초의 대규모 사람들로,
지저스를 그들의 **구원자**로 믿으려고 온 사람들이었다.

36 No Silver, No Gold

A crippled man is healed

Acts 3:1-4:4

Peter and John went to the temple.
A man was there, at the Beautiful Gate,
who had never been able to walk.
He was begging people for money.

"Can I have some money?"
he asked Peter and John.
The two disciples looked right at the man.
They had no money,
but they had something better to give him.

"Look at us!" said Peter.
The man expected money.
"I don't have any silver or gold," said Peter,
"but I have something else
that I will happily give you."

은도 아니고 금도 아니다

장애인이 치료되다

실행 3:1-4:4

필어와 존은 성전으로 갔다.
어떤 사람이 그곳 '아름다운대문'에 있었는데,
그는 전혀 걸을 수 없는 사람이었다.
그는 남에게 돈을 구걸하는 중이었다.

"돈 좀 주실래요?"
그는 필어와 존에게 요구했다.
두 제자는 그를 똑바로 쳐다봤다.
그들은 돈이 없었지만,
그들은 그에게 더 좋은 것을 주었다.

"이봐!" 필어가 말했다.
그 사람은 돈을 기대했다.
"나는 은이나 금을 가진 게 없다." 필어가 말했다.
"하지만 나는 다른 것으로
내가 당신을 기쁘게 해주겠다."

"In the name of Jesus Christ of Nazareth,"
said Peter, "walk!"
Peter took the man's hand,
and the man's feet and ankles grew strong.
The man got up and walked!

He went with Peter and John
into the temple courts.
Before long, he wasn't just walking;
he was jumping around and praising God!

The people has seen him at the gate.
They knew that he had been lame from birth.
Yet, here he was, walking and leaping
and thanking God!
Everyone was amazed!

Peter told the people
about the one whose power had healed the
man. He told them about Jesus.
When he was done,
many of them decided to follow Jesus, too!

"내저레쓰 출신 **지저스 크라이스트**의 이름으로,"
필어가 말했다. "걸어라!"
필어가 그의 손을 잡고,
그의 발과 발목의 힘을 강하게 키웠다.
그러자 그가 일어나 걸었다!

그는 필어와 존과 함께 가서,
성전 마당으로 들어갔다.
오래 전부터 그는 제대로 걸을 수 없었는데,
그는 주위를 뛰어다니며, **하나님**에게 감사했다.

사람들이 그가 대문에 있는 것을 보았다.
그들은 그가 태어날 때부터 절름발이라고 알고 있었다.
그런데, 여기 있는 그는 걷고 뛰며,
하나님에게 감사하다니!
모든 사람이 놀랐다.

필어가 사람들에게 말해준 것은
자기 능력으로 사람을 치료했던 한 사람에 관한 것이었다.
그는 그들에게 **지저스**에 대하여 이야기했다.
그가 말을 마치자,
대부분 역시 **지저스**를 믿고 따르겠다고 결심했다.

37 From Enemy to Friend

Paul meets Jesus

Acts 9:1-19

Saul was religious man; a Pharisee.
He thought that
anyone who believed in Jesus
was spreading a lie and
should be put in prison,
and even put to death.

Saul was going to Damascus
to arrest Jesus' followers.
Suddenly, a bright light surrounded him.
He fell down. A voice said,
"Saul, why are you so cruel to Me?"

"Who are You, Lord?" Saul asked.
The voice replied,
"I am Jesus, the one you want to harm.
Go to Damascus.
There you will learn what you must do."

적에서 친구로

폴이 지저스를 만나다

실행 9:1-19

쏠은 종교인으로 풰러시 [엄격한 법규정파]였다.
그는 다음과 같이 생각했다.
지저스를 믿는 자는
거짓을 퍼뜨리기 때문에,
감옥에 넣어야 하고,
심지어 죽여야 한다고 생각했다.

쏠은 드매스커스로 가서,
지저스의 추종자들을 잡으려고 했다.
갑자기, 밝은 빛이 그 주위를 둘러쌌다.
그는 쓰러졌다. 어떤 목소리가 말했다.
"쏠아, 왜 너는 **나**에게 그토록 잔인하지?"

"당신은 누구죠, 주인님" 쏠이 물었다.
그 목소리가 대답했다.
"**나**는 **지저스**다. 네가 헤치려는 사람 중 하나다.
드매스커스로 가라.
거기서 너는, 네가 해야만 할 일을 배우게 될 것이다."

Saul got up, but he was blind.
His friends led him to a house in Damascus.
Saul waited there for three days.
He had nothing to eat or drink.

Meanwhile, Jesus appeared in a vision to
Ananias, one of His followers in Damascus.
Jesus told him to go visit Saul
and pray for him so he could see again.

"But Saul wants to arrest Your followers,"
Ananias said, trembling.
"I know," said Jesus,
"but I want to use Saul
to tell people all over the world about Me."

Ananias went to pray for Saul.
"Jesus sent me," he said,
"so that you may see
and be filled with the Holy Spirit."
Saul could see again!
Then he was baptized.

쏠은 일어났지만 눈이 보이지 않았다.
그의 친구들이 그를 드매스커스의 한 집에 데려갔다.
쏠은 거기서 3일간 기다렸다.
그는 아무것도 먹지도 마시지도 않았다.

한편 **지저스**가 환상으로 애너나이어스에게 나타났다.
그는 드매스커스에서 **그**를 따르는 사람 중 하나였다.
지저스는 그에게 말하며, 쏠을 방문하러 가서,
그를 위해 다시 볼 수 있도록 기도하라고 일렀다.

"그러나 쏠은 당신의 추종자를 체포하고 싶어해요."
애너나이어스가 무서워 떨며 말했다.
"안다." **지저스**가 말했다.
"하지만 **나**는 쏠을 활용하고 싶다.
그래서 세상사람에게 **나**에 관하여 전하려 한다."

애너나이어스는 가서 쏠을 위해 기도했다.
"**지저스**가 나를 보냈다." 그가 말했다.
"그래서 네가 볼 수 있게 되면,
신성한 영혼으로 채워질 것이다."
쏠이 다시 볼 수 있게 되었다.
다음 그는 세례를 받고 정화했다.

Jesus changed Saul from a man
who hurt his followers to a church leader
who told everyone about Jesus!
So he changed his name,
as well, to Paul.

지저스는 쏠을 변화시켜,
그의 추종자를 헤치는 사람에서 교회지도자로 바꾸어,
지저스에 관하여 모두에게 말하는 사람이 되었다.
그래서 그는 자기 이름도 바꿨다.
마찬가지로 폴로 불렀다.

38 Everybody's Welcome!

Peter's vision and Cornelius

Acts 10

Cornelius was an officer in the Roman army.
He lived in a place called Caesarea.
He and his family respected God.
They weren't Jewish.
They were Gentiles.

Cornelius had a vision.
An angel told him,
"God hears your prayers
and knows that you help the poor.
Send men to Joppa to bring Peter here."
So Cornelius did.

필어의 환상과 코닐리어스

실행 10

코닐리어스는 로먼군대 관리였다.
그는 시저리아라는 곳에서 살고 있었다.
그와 그 가족은 **하나님**을 존중했다.
그들은 쥬다인은 아니었다.
그들은 비쥬다인이었다.

코닐리어스가 환상을 보았다.
한 천사가 그에게 말했다.
"**하나님**은 너희 기도를 듣고,
네가 약자를 돕는 것도 안다.
사람들을 자파의 필어가 있는 곳으로 보내라."
그래서 코닐리어스가 그렇게 했다.

In Joppa the next day,
Peter was on the roof praying.
In a vision, a huge sheet came from heaven.
It was filled with animals.
A voice said,
"Kill something, Peter! Eat!"

They were animals that
Jews weren't allowed to eat.
"I can't eat them," Peter replied.
"If I say they're all right to eat,"
the voice replied, "then they're all right."

That's when Cornelius' messengers arrived.
So Peter and some others
went with them to Caesarea.
Cornelius' house
was filled with his friends and family,
eager to hear Peter speak.

자파에서 그 다음날,
필어는 옥상에서 기도하는 중이었다.
환상에서, 큰 시트가 하늘에서 내려왔다.
거기에는 동물들이 가득했다.
한 목소리가 들렸다.
"필어야! 일부를 죽여서, 먹어라!"

그 동물들은,
쥬다인이 먹도록 허용되지 않는 것이었다.
"나는 그것을 먹을 수 없어요." 필어가 대답했다.
"만약 **내**가 그것을 먹어도 좋다고 말하면,"
그 목소리가 대답했다. "그러면 모두 괜찮은 것이다."

그때 코닐리어스의 전령이 도착했다.
그래서 필어와 다른 일부 사람들이
그들과 함께 시저리아로 갔다.
코닐리어스의 집은
친구와 가족으로 가득차게 되었고,
그들은 필어의 연설을 몹시 듣고 싶어했다.

"God showed me, in a vision,
that He accepts people from every nation.
God sent Jesus to everyone.
He is Lord of all.
He healed the sick and freed the oppressed."

"He was crucified,
and then raised from the dead.
Everyone who believes in Him
will be forgiven of their sins."
The Holy Spirit came upon them,
just like Pentecost.
Peter baptized them.

"**하나님**은 나에게 환상을 보여주었다.
거기서 그는 모든 나라의 사람을 받아들였다.
하나님은 **지저스**를 모두에게 보냈는데,
그는 모두의 **주인**님이다.
그는 아픈 자를 고치고, 억압받는 사람을 풀어준다."

"**그**는 십자가에 박혔고,
그런 다음 죽음에서 살아났다.
그를 믿는 모든 사람은
자기 죄를 용서받게 될 것이다."
신성한 영혼이 그들에게 내려왔는데,
바로 펜테코스트[성령이 내린 것]과 같은 것이었다.
필어가 그들에게 세례를 주었다.

39 Journeys for Jesus

Paul's journey and trials

Acts 13-14; 16; 20-21; 25; 27-28

Paul believed that God wanted him
to tell Gentiles about Jesus.
So he made three trips
through Syria, Turkey, and Greece.
Many people believed in Jesus,
and many churches were started.

Years later, Paul returned to Jerusalem.
Some people were upset by his teaching
and attacked him.
He was unfairly arrested.
Since Paul was a Roman citizen,
he asked for his trial to be in Rome.

폴의 여행과 재판

실행 13-14; 16; 20-21; 25; 27-28

폴은 **하나님**이 자기에게 바라는 바를 믿고 있었다.
비쥬다인에게 **지저스**에 관하여 알리는 일이었다.
그래서 그는 세 번 여행하며,
시리아, 터키, 그리스를 두루 돌았다.
많은 사람이 **지저스**를 믿게 되었고,
또한 많은 교회도 알리는 일을 하기 시작했다.

몇 년이 지난 뒤, 폴이 저루살럼으로 돌아갔다.
일부 사람은 그의 가르침이 불쾌하여,
그를 공격했다.
그는 부당하게 체포되었다.
폴은 로먼 시민이었으므로,
그는 자기 재판을 로먼에서 받게 해달라고 요청했다.

Paul was put on a boat headed for Rome.
The trip was slow.
"Let's wait in Crete
until the stormy season is over," Paul suggested.
The captain sailed ahead anyway.

There was a huge storm;
everyone thought they would die.
An angel told Paul that
they would all be saved,
and he would get to Rome.
Paul told the others.

Someone spotted land.
The sailors planned to abandon ship
and let the others die.
Paul warned:
"You will survive only if everyone stays abord."
The boat crashed on an island called Malta.

폴은 로먼행 배위에 실렸다.
그 여행은 [속도가] 더뎠다.
“[그리스] 크리트섬에서 기다립시다.
폭풍의 계절이 지날 때까지 말이죠.” 폴이 제안했다.
그런데도 선장은 항해하여 앞으로 나갔다.

거대한 폭풍이 불었고,
사람들은 죽을 지도 모른다고 생각했다.
한 천사가 폴에게 말한 것은,
그들은 모두 구조될 것이고,
그는 로먼에 도착할 것이라고 했다.
폴은 다른 사람에게도 전했다.

어떤 사람 [눈]에 육지가 발견되었다.
선원들은 배를 버리기로 계획하고,
다른 사람을 죽게 하려고 했다.
폴이 경고했다.
“모두가 승선한 채 있으면, 당신들은 살아남을 것이다.”
그 배는 몰타라는 섬에 부딪쳤다.

The soldiers were afraid of being punished
if the prisoners escaped.
So they decided to kill them.
But their commander liked Paul,
so he ordered his men to let them live.

They staggered ashore.
Just as Paul had said, everyone was alive!
The ruler of Malta let them stay with him.
His father was sick.
When Paul prayed for him, God healed him.

They boarded another ship and went to Rome,
where Paul was chined in a house.
While there,
he wrote letters to teach
the new churches around the world.
His letters are now included in the Bible!

군인들이 처벌받게 될까 겁이났던 것은,
죄수들이 도망칠 염려 때문이었다.
그래서 그들은 죄수를 죽이기로 결정했다.
그러나 그들의 사령관이 폴을 좋아했기 때문에,
그래서 그는 군인들에게 그들을 살려두도록 명령했다.

그들은 해안에서 꼼짝하지 않았다.
폴이 말한대로, 모두가 살았다.
몰타 관리가 그들을 함께 지내게 해주었다.
그의 아버지는 아팠다.
폴이 그를 위해 기도하자, **하나님**이 그를 낫게 해주었다.

그들은 다른 배를 타고 로먼으로 갔다.
그곳에서 폴은 어떤 집에 구속되었다.
그곳에 있는 동안,
그는 가르침에 대한 편지를 써서,
세계 곳곳의 새교회에 보냈다.
그의 편지는 현재 바이블 안에 들어 있다.

40 A Forever Promise

The new heaven and new earth

Revelation 1:17-18; 21:1-7

John was a disciple of Jesus.
One day, Jesus came to him in a vision,
shining like the sun.
"Don't be afraid," said Jesus.
"I died. Now I live forever!"

Then John saw a new heaven and a new earth,
God's promised new creation.
The first heaven and the first earth were gone
and the sea with them!

Next, John saw God's Holy City,
the new Jerusalem.
It was coming down from heaven.
It was beautiful, like a bride on her wedding
day ready to meet her husband!

새하늘과 새땅

미래 1:17-18; 21:1-7

존은 **지저스**의 제자였다.
어느날, **지저스**가 환상으로 그에게 나타났는데,
해처럼 빛나고 있었다.
"두려워 마라." **지저스**가 말했다.
"**나**는 죽은 다음, 이제 영원히 살아 있다!"

그때 존은 새하늘과 새땅을 보았는데,
하나님이 약속했던 새로운 창조였다.
최초의 하늘과 최초의 땅은 사라졌고,
바다도 그것과 함께 없어졌다.

다음 존은 **하나님**의 신성한 도시와
새저루살럼을 보았다.
그것은 하늘에서 내려오고 있었다.
그것은 아름다웠는데, 결혼하는 신부처럼
그녀의 남편을 맞이할 준비가 되어 있었다.

Then John heard a loud voice
coming from the throne of God saying,
"From now on, God will make His home among
His people, and they will all live together."

"In this new heaven and new earth,
there won't be any tears because no one will be
in pain, and no one will die.
Those things are gone, forever!"

Then the voice from the throne said,
"I am the Beginning and the End.
If you are thirsty, come to me,
and I will give you the water of life."

"My new world is for My children,
those who are faithful to Me.
I'm making all things new.
It's true. You can count on it."

그때 존이 들은 큰소리가
하나님의 왕좌에서 내려오면서 이렇게 말했다.
"이제부터, **하나님**이 **자기** 백성 가운데 집을 지으면,
그들은 모두 같이 살게 될 것이다.

"이 새하늘과 새땅 안에는,
아픈 사람이 아무도 없기 때문에 어떤 눈물도 없고,
누구도 죽지 않을 것이다.
그런 것은 영원히 사라진다!

그때 왕좌에서 목소리가 말했다.
"**나**는 처음이자 마지막이다.
만약 너희가 목이 말라 **나**에게 오면,
내가 너에게 생명의 물을 줄 것이다.

"**나**의 새세상은 **나**의 자손을 위한 것으로,
그들은 **나**를 믿는 사람들이다.
나는 모두 새것을 만든다.
사실이다. 너는 그것을 믿어도 좋다!"

41 God's Good News

Be Part of the story

In the beginning,
God made everything!
He made it perfect.
He made us, too, in His image.
He loves us
and wants to have a relationship with us.

Sadly, Adam and Eve disobeyed God.
That sin brought death into the world
and broke our relationship with God.
It also broke God's perfect world.

Sin spread throughout the whole world.
Everyone sins, and the result of sin is death.
But sin couldn't stop God from loving us.
He had a plan!

사랑이야기의 일부가 되자

처음에,
하나님이 모든 것을 만들었다.
그는 그것을 완벽하게 만들었다.
그는 우리도 **자기** 모습대로 만들었다.
그는 우리를 사랑하며,
우리와 관계를 이어가기를 바란다.

안타깝게도, 애덤과 이브는 **하나님**을 따르지 않았다.
그 죄가 세상에 죽음을 가져왔고,
하나님과 맺은 우리의 관계도 끊어졌다.
이로써 **하나님**의 완벽한 세상도 깨어졌다.

죄는 전세상에 두루 퍼졌다.
모든 사람이 죄를 지어, 그 결과로 죽는다.
그런 죄도 우리를 사랑하는 **하나님**을 말릴 수 없다.
그는 계획을 세웠다.

Because of His love for us,
God sent His Son, Jesus, into the world.
Sin broke our relationship with God,
but Jesus came to fix it!

Jesus healed sick people
and performed many other miracles!
He welcomed lonely people.
He taught people about God's love.
His perfect life
shows us what love looks like.

Even though Jesus never sinned,
he died on a cross for our sins
because He loves us.
By doing this, he was carrying out God's plan
to fix our relationship with Him.

우리를 위한 **그**의 사랑 때문에,
하나님은 **자기 아들 지저스**를 세상에 보냈다.
죄는 **하나님**과 맺은 우리의 관계를 끊었지만,
지저스는 그것을 수리하러 왔던 것이다.

지저스는 아픈 사람을 고쳐주며,
다른 많은 기적을 이루었다.
그는 외로운 사람을 따뜻하게 맞이했다.
그는 사람에게 **하나님**의 사랑에 관해 가르쳐주었다.
그의 완벽한 생애는,
사랑의 모습이 무엇인지 우리에게 보여준다.

지저스는 죄를 짓지 않았어도,
그는 우리의 죄 때문에 십자가 위에서 죽었다.
그것은 **그**가 우리를 사랑했기 때문이었다.
이로써, **그**는 **하나님**의 계획을 실천하여,
그와 맺은 우리의 관계를 개선했던 것이다.

Three days later, Jesus rose from the dead,
breaking the power of sin and death!
He spent time with His followers,
teaching them.
Then He returned to heaven.
Now Jesus lives forever!

Jesus did not leave us alone.
He sent His Holy Spirit
to live inside everyone who trusts Him.
The Spirit gives us power to live
the way God created us to live.

One day, when Jesus returns,
God will make everything perfect again.
He will make a New heaven and a New Earth.
Everyone who trusts in Jesus will live with Him,
forever!

3일이 지나, **지저스**는 죽음에서 살아나,
죄가 죽음을 부르는 힘을 깨어버렸다.
그는 자신을 따르는 사람과 시간을 보내며,
그들을 가르쳤다.
다음 **그**는 하늘로 돌아갔다.
이제 **지저스**는 영원히 산다.

지저스는 우리를 내버려두고 떠나지 않았다.
그는 **자기**의 신성한 영혼을 보내어,
그를 믿고 의지하는 모든 사람의 내면에 살고 있다.
그 영혼은 우리에게 살아갈 힘을 주는데,
창조된 우리가 **하나님**의 방법대로 살게 하는 것이다.

지저스가 되돌아가는 어느날,
하나님은 모든 것을 다시 완벽하게 만들 것이다.
그는 새하늘과 새땅을 만들 것이다.
지저스를 믿는 모두가 **그**와 함께 영원히 살게 된다.

God loves you.
He created you one-of-a-kind!
Trusting and following Jesus
fixes our broken relationship with God!
Are you ready to be a part of God’s story?

하나님은 당신을 사랑한다.
그는 여러 종류 중 하나로 당신을 창조했다.
지저스를 믿고 따르는 것은,
우리가 깨어버린 **하나님**과 관계를 고치는 일이다.
당신도 **하나님** 사랑 이야기의 일부가 되어볼까요?

초판인쇄 2022년 4월 20일
초판발행 2022년 4월 20일

지은이 세니카 B. 정
펴낸곳 영어로연구소
서울시 종로구 삼봉로 57 호수빌딩 8층 S9
Email englishlo@naver.com

ISBN 979-11-85345-26-0 13740
정가 18,000원